日本人の知らない日米関係の正体

本当は七勝三敗の日米交渉史

【大活字版】

八幡和郎

まえがき

ペリー提督率いるアメリカ艦隊が、神奈川県の浦賀に現れて幕府を威嚇したのは一八五三年のことです。江戸幕府はその翌年に、二世紀以上にわたった鎖国をやめて開国しました。それから二〇年を経ずして幕府は滅び、近代国家が打ち立てられました。

新政府は、さっそく四年後には政府の最高実力者をそろえた岩倉使節団を欧米に派遣し（一八七一年）、その最初の訪問地は、アメリカのサンフランシスコでした。第二章でも詳しく紹介しますが、**伊藤博文による英語での「日の丸演説」**は、ここで行われたものです。この名称は、「我が国旗の中央にある日の丸は、もはや帝国を封じた封蝋《ふうろう》（手紙に封をするために当時使っていた赤い蝋）のように見えることはなく、これからは、その本来の意匠であるところの昇る朝日の尊い旗印となり、世界における文明諸国の間に伍して未来へ向かって昇っていくことでありましょう」（筆者意訳）という結びの文句から名づけられたものです。

およそ一世紀半のちの二〇一五年、安倍晋三首相はワシントンの米国議会での英語演説を、「私たちの同盟を、『希望の同盟』と呼びましょう。アメリカと日本、力を合わせ、世界をもっとはるかによい場所にしていこうではありませんか。希望の同盟――。一緒でなら、きっとできます」という言葉で締めくくりました。

その間に、日本とアメリカにはさまざまな対立があり、悲惨な戦争を戦いもしました。しかし、**両国の友好が日本を自由で豊かな国にし、アメリカの国際的な立場を助け、世界人類の幸福に貢献したことは間違いのないことです**。

本書は、日米外交史を双方の立場と世界における位置づけも意識しつつ概観しようというものです。もちろん、そこには中国やヨーロッパ諸国との三角関係、あるいは四角関係などが、複雑な形でからんでいます。

私はもともとフランス留学組ですし、中国との外交を担当していたこともありますから、そういう多角的視点は、得意です。

本書を読み進めていただくにあたり、日本人にはあまり馴染みのないアメリカ政治史をより身近に感じていただくために、日本の歴代首相とアメリカの歴代大統領の任期の対照表を「まえがき」の末尾に掲げておきます。日本史と世界史を別々に学ぶので相互の関係が意外に頭に入らないからです。また、任期が長いとそのうち、ある期間だけのイメージでとらえてしまうことがあります。

たとえば、第三二代**フランクリン・D・ルーズベルト**というと太平洋戦争中の大統領というイメージですが、その初当選は一九三二年、つまり昭和七年で満州事変の翌年、そして、ロサンゼルス五輪で日本の水泳選手が大活躍した年なのです。

ここでは表をよく理解いただくために、いくつかの要点を示しておきましょう。

まず、独立の父である初代大統領**ワシントン**は**田沼意次**《たぬまおきつぐ》から**松平定信**が老中だった頃に活躍しました。第三代**トマス・ジェファーソン**は第一一代将軍・**家斉**《いえなり》のもとで文化文政の文化が江戸の町で花開いた頃の大統領です。

天保の改革（一八三〇～四三年）を断行した**水野忠邦**《ただくに》は、第六代の**ジョン・クィンシー・アダムズ**から第一〇代の**タイラー**までの時代、黒船来航時の老中・**阿部正弘**はタイラーから第一六代**エイブラハム・リンカーン**の前任者である第一五代**ブキャナン**の任期に相当します。**井伊直弼**《いいなおすけ》が日米修好通商条約（一八五八年）を結んだのもブキャナンの時代です。

南北戦争は、桜田門外の変（一八六〇年）の翌年に始まって大政奉還（一八六七年）の前々年に終わり、明治維新期は、リンカーン暗殺で大統領に昇格した第一七代**アンドリュー・ジョンソン**の時代でした。

維新後の岩倉使節団を迎えたのは、第一八代大統領**ユリシーズ・S・グラント**でした。彼は離任後の一八七九年に日本にやってきて、**明治天皇**や政府首脳と会見しました。これが初めての日米首脳会談です。

日露戦争（一九〇四〜〇五年）の時には、テディ・ベアで有名な第二六代**セオドア・ルーズベルト**が、ポーツマス条約の仲介をしてくれました。この時の首相は**桂太郎**です。第一次世界大戦（一九一四〜一八年）の時の大統領は第二八代**ウッドロー・ウィルソン**、当時の日本の首相は**山本権兵衛**《ごんべえ》や**大隈重信**《おおくましげのぶ》で、一九一九年のベルサイユ条約の時の首相は**原敬**《たかし》です。

満州事変時は**若槻礼次郎**首相ですが、フランクリン・ルーズベルトが大統領に就任した時は斉藤実が首相で、ルーズベルトが死んだ時には、終戦を決断した**鈴木貫太郎**が戦時中にもかかわらず丁重なお悔やみの電報を打って話題になりました。

吉田茂首相は第三三代**ハリー・S・トルーマン**大統領から**ドワイト・D・アイゼンハワー**大統領の時代、第三五代**ジョン・F・ケネディ**の任期は、最初から最後まで**池田勇人**《はやと》首相の時代でした。

沖縄返還や電撃的な中国訪問で知られる第三七代**リチャード・M・ニクソン**は、**佐藤栄作**から**田中角栄**首相の時代です。また、第四〇代**ロナルド・W・レーガン**と**中曽根康弘**首相、第四三代**ジョージ・W・ブッシュ**（息子）と**小泉純一郎**首相が、親密な関係で結ばれていたことは読者の記憶に新しいところだと思います。

このあたりをまず頭の片隅にいれながら、日米関係の歩みを観察すると分かりやすいと思います。では、早速、鎖国の頃の日米関係から見ていくことにしましょう。

日米首脳対照表

※首脳名のうち、伊藤博文以降は歴代首相

アメリカ				日本		
大統領在職期間	代	大統領名	所属党名	代	首脳名	首相在職期間
1789/04～1797/03	1	ジョージ・ワシントン	無党派		松平定信	
1797/03～1801/03	2	ジョン・アダムズ	フェデラリスト党			
1801/03～1809/03	3	トマス・ジェファーソン	民主共和党			
1809/03～1817/03	4	ジェームズ・マディソン	民主共和党			
1817/03～1825/03	5	ジェームズ・モンロー	民主共和党			
1825/03～1829/03	6	ジョン・Q・アダムズ	民主共和党		水野忠邦	
1829/03～1837/03	7	アンドリュー・ジャクソン	民主党		水野忠邦	
1837/03～1841/03	8	マーティン・バン・ビューレン	民主党		水野忠邦	
1841/03～1841/04	9	ウィリアム・ハリソン	ホイッグ党		水野忠邦	
1841/04～1845/03	10	ジョン・タイラー	ホイッグ党		阿部正弘→水野忠邦	
1845/03～1849/03	11	ジェームズ・K・ポーク	民主党		阿部正弘	
1849/03～1850/07	12	ザカリー・テイラー	ホイッグ党		阿部正弘	
1850/07～1853/03	13	ミラード・フィルモア	ホイッグ党		阿部正弘	
1853/03～1857/03	14	フランクリン・ピアース	民主党		阿部正弘	
1857/03～1861/03	15	ジェームズ・ブキャナン	民主党		阿部正弘→井伊直弼	
1861/03～1865/04	16	エイブラハム・リンカーン	共和党			
1865/04～1869/03	17	アンドリュー・ジョンソン	民主党		三条実美・岩倉具視	
1869/03～1877/03	18	ユリシーズ・S・グラント	共和党		三条実美・岩倉具視	
1877/03～1881/03	19	ラザフォード・B・ヘイズ	共和党		三条実美・岩倉具視	
1881/03～1881/09	20	ジェームズ・A・ガーフィールド	共和党		三条実美・岩倉具視	
1881/09～1885/03	21	チェスター・A・アーサー	共和党		三条実美・岩倉具視	
1885/03～1889/03	22	グローバー・クリーブランド	民主党	1	伊藤博文（第1次）	1885/12～1888/04
1889/03～1893/03	23	ベンジャミン・ハリソン	共和党	2	黒田清隆（第1次）	1888/04～1889/10
				3	山県有朋（第1次）	1889/12～1891/05
				4	松方正義（第1次）	1891/05～1892/08
1893/03～1897/03	24	グローバー・クリーブランド	民主党	5	伊藤博文（第2次）	1892/08～1896/08
1897/03～1901/09	25	ウィリアム・マッキンリー	共和党	6	松方正義（第2次）	1896/09～1898/01

1901/09～1909/03	26	セオドア・ルーズベルト	共和党
1909/03～1913/03	27	ウィリアム・H・タフト	共和党
1913/03～1921/03	28	ウッドロー・ウィルソン	民主党
1921/03～1923/08	29	ウォーレン・G・ハーディング	共和党
1923/08～1929/03	30	カルビン・クーリッジ	共和党
1929/03～1933/03	31	ハーバート・C・フーバー	共和党
1933/03～1945/04	32	フランクリン・デラノ・ルーズベルト	民主党

7	伊藤博文（第3次）	1898/01～1898/06
8	大隈重信（第1次）	1898/06～1898/11
9	山県有朋（第2次）	1898/11～1900/10
10	伊藤博文（第4次）	1900/10～1901/05
11	桂太郎（第1次）	1901/06～1906/01
12	西園寺公望（第1次）	1906/01～1908/07
13	桂太郎（第2次）	1908/07～1911/08
14	西園寺公望（第2次）	1911/08～1912/12
15	桂太郎（第3次）	1912/12～1913/02
16	山本権兵衛（第1次）	1913/02～1914/04
17	大隈重信（第2次）	1914/04～1916/10
18	寺内正毅	1916/10～1918/09
19	原敬	1918/09～1921/11
20	高橋是清	1921/11～1922/06
21	加藤友三郎	1922/06～1923/08
22	山本権兵衛（第2次）	1923/09～1924/01
23	清浦奎吾	1924/01～1924/06
24	加藤高明	1924/06～1926/01
25	若槻礼次郎（第1次）	1926/01～1927/04
26	田中義一	1927/04～1929/07
27	浜口雄幸	1929/07～1931/04
28	若槻礼次郎（第2次）	1931/04～1931/12
29	犬養毅	1931/12～1932/05
30	斎藤実	1932/05～1934/07
31	岡田啓介	1934/07～1936/03
32	広田弘毅	1936/03～1937/02
33	林銑十郎	1937/02～1937/06
34	近衛文麿（第1次）	1937/06～1939/01
35	平沼騏一郎	1939/01～1939/08
36	阿部信行	1939/08～1940/01
37	米内光政	1940/01～1940/07

アメリカ			
大統領在職期間	代	大統領名	所属党名
1945/04～1953/01	33	ハリー·S·トルーマン	民主党
1953/01～1961/01	34	ドワイト·D·アイゼンハワー	共和党
1961/01～1963/11	35	ジョン·F·ケネディ	民主党
1963/11～1969/01	36	リンドン·B·ジョンソン	民主党
1969/01～1974/08	37	リチャード·M·ニクソン	共和党
1974/08～1977/01	38	ジェラルド·R·フォード	共和党

日本		
代	首脳名	首相在職期間
38	近衛文麿(第2次)	1940/07～1941/07
39	近衛文麿(第3次)	1941/07～1941/10
40	東条英機	1941/10～1944/07
41	小磯国昭	1944/07～1945/04
42	鈴木貫太郎	1945/04～1945/08
43	東久邇宮稔彦	1945/08～1945/10
44	幣原喜重郎	1945/10～1946/05
45	吉田茂(第1次)	1946/05～1947/05
46	片山哲	1947/05～1948/03
47	芦田均	1948/03～1948/10
48	吉田茂(第2次)	1948/10～1949/02
49	吉田茂(第3次)	1949/02～1952/10
50	吉田茂(第4次)	1952/10～1953/05
51	吉田茂(第5次)	1953/05～1954/12
52	鳩山一郎(第1次)	1954/12～1955/03
53	鳩山一郎(第2次)	1955/03～1955/11
54	鳩山一郎(第3次)	1955/11～1956/12
55	石橋湛山	1956/12～1957/02
56	岸信介(第1次)	1957/02～1958/06
57	岸信介(第2次)	1958/06～1960/07
58	池田勇人(第1次)	1960/07～1960/12
59	池田勇人(第2次)	1960/12～1963/12
60	池田勇人(第3次)	1963/12～1964/11
61	佐藤栄作(第1次)	1964/11～1967/02
62	佐藤栄作(第2次)	1967/02～1970/01
63	佐藤栄作(第3次)	1970/01～1972/07
64	田中角栄(第1次)	1972/07～1972/12
65	田中角栄(第2次)	1972/12～1974/12

日米首脳対照表

				66	三木武夫	1974/12~1976/12
1977/01 ~1981/01	39	ジミー・カーター	民主党	67	福田赳夫	1976/12~1978/12
				68	大平正芳（第1次）	1978/12~1979/11
				69	大平正芳（第2次）	1979/11~1980/06
1981/01~1989/01	40	ロナルド・W・レーガン	共和党	70	鈴木善幸	1980/07~1982/11
				71	中曽根康弘（第1次）	1982/11~1983/12
				72	中曽根康弘（第2次）	1983/12~1986/07
				73	中曽根康弘（第3次）	1986/07~1987/11
1989/01~1993/01	41	ジョージ・H・W・ブッシュ	共和党	74	竹下登	1987/11~1989/06
				75	宇野宗佑	1989/06~1989/08
				76	海部俊樹（第1次）	1989/08~1990/02
				77	海部俊樹（第2次）	1990/02~1991/11
1993/01~2001/01	42	ビル・クリントン	民主党	78	宮沢喜一	1991/11~1993/08
				79	細川護熙	1993/08~1994/04
				80	羽田孜	1994/04~1994/06
				81	村山富市	1994/06~1996/01
				82	橋本龍太郎（第1次）	1996/01~1996/11
				83	橋本龍太郎（第2次）	1996/11~1998/07
				84	小渕恵三	1998/07~2000/04
				85	森喜朗（第1次）	2000/04~2000/07
2001/01~2009/1	43	ジョージ・W・ブッシュ	共和党	86	森喜朗（第2次）	2000/07~2001/04
				87	小泉純一郎（第1次）	2001/04~2003/11
2009/1~	44	バラク・オバマ	民主党	88	小泉純一郎（第2次）	2003/11~2005/09
				89	小泉純一郎（第3次）	2005/09~2006/09
				90	安倍晋三（第1次）	2006/09~2007/09
				91	福田康夫	2007/09~2008/09
				92	麻生太郎	2008/09~2009/09
				93	鳩山由紀夫	2009/09~2010/06
				94	菅直人	2010/06~2011/09
				95	野田佳彦	2011/09~2012/12
				96	安倍晋三（第2次）	2012/12~

日本人の知らない日米関係の正体◉目次

第二章　明治維新から日露戦争まで　53

第三章　第一次世界大戦から満州事変まで　83

エピローグ　安倍政権とオバマの日米新時代　217

プロローグ

モンロー主義と鎖国で引きこもっていた日米両国の出会い

ペリー提督に率いられた黒船が日本を開国させてから、日米両国関係は世界でもっとも重要な二国関係のひとつになりました。しかし、この二つの国は、もともと孤立主義の外交をとっていました。

日本は二世紀以上も徳川幕府による「鎖国体制」にあり、アメリカは「モンロー主義（ドクトリン）」のもとでアメリカ大陸に籠城していたのです。

あの頑迷な徳川幕府に開国という決断をさせたことから、アメリカ艦隊とその背後にあった当時のアメリカ合衆国は、さぞ強大な力を持っていたと考えるのが普通です。

しかし、それは間違いです。あのペリー艦隊はわずか四隻、乗組員は総勢で約一〇八〇人で、当時のアメリカの海軍力は貧弱で、後方支援も無理だったのです。

当時のアメリカは、カリフォルニアを併合してからまだ五年しか経っていませんでした。パナマ運河も建設されていなかったので、ペリーも東回りでやってきたのです。

アメリカ東部のバージニア州ノーフォークを出航した四隻の艦隊は、大西洋のマデイラ島、ケープタウン、モーリシャス、セイロン、シンガポール、マカオ、香港、上海を経て那覇に現れたのち、浦賀に姿を現しました。

そもそも**アメリカ海軍が世界的になったのは、二〇世紀になってからです。**元国務長官ヘンリー・キッシンジャーが書いた『外交』という本によれば、明治維新後の一八八〇年においてすら、アメリカ海軍はメキシコ、アルゼンチン、チリのそれより弱体で、日清戦争直前の一八九〇年でもイタリア海軍に及ばなかったそうです。

モンロー主義とは、第五代大統領ジェームズ・モンロー（在職一八一七～二五年）が、一八二三年の議会における一般教書演説で述べたものです。「アメリカはヨーロッパに干渉せず」「南北アメリカはヨーロッパ諸国の植民地化であってはならず、主権国家としてヨーロッパの干渉を拒否すべき」だと、相互不干渉を主張しました。

ナポレオン戦争（一七九九～一八一五年）の終結を受けて新しい中南米の秩序が模索される中で、ヨーロッパ諸国は植民地の独立阻止を画策し、市場を独占するために影響力を回復しようとしていました。モンロー主義は、これに対抗しようとしたものでした。しかも北米大陸には無限のフロンティアがあったので、海外進出など不要ということもありました。

しかし、第一一代大統領ジェームズ・K・ポーク（在職一八四五～四九年）の時に、メキシコ領カリフォルニアを併合し、北西部の国境をめぐるイギリス領カナダとのオレゴン問題も解決しました。シアトルとバンクーバーの間が国境になったのはこの時です。

また、併合直後のカリフォルニアで金鉱が発見されてゴールドラッシュが起き、一気に西部開拓が進みました。それでも大陸横断鉄道が開通するのは一八六九年、パナマ運河は一九一四年まで待たなければなりませんでした。

「フロンティアは過ぎ去り、それとともにアメリカ史の最初の時代が終わった」などといわれて「フロンティアの喪失」と呼ばれたのは一八九〇年代のことです。

一九世紀中盤のアメリカには太平洋側へ大々的に進出する必要も、意欲も、能力もなかったのです。

では、弱小だったアメリカ海軍の、しかもわずか四隻のペリー艦隊に、なぜ幕府は屈したのでしょうか。

それは、突き詰めれば、**江戸幕府が外国からの攻撃などはほとんど考えずに、西国大名に覆されることだけを警戒した政権だったからです。**そのため、江戸という町そのものが、海から攻められると何の抵抗もできない構造になっていました。あとで詳しく述べますが、ペリーは「コロンブスの卵的な成功」を収めたといえます。

戦国時代は国内統一がまだでしたから、主要な大名の兵力は陸軍主体でした。しかし、天下統一後の豊臣時代から家康の時代あたりまでの日本は、大陸に攻め込んだり、東南アジアと貿易をしたりして強力な海上王国として成長しました。

結局、秀吉の大陸遠征も制海権を十分に握れずに失敗したのですが、その反省にたって努力すれば、容易に東シナ海から南シナ海の支配者になれたはずです。

しかし、徳川幕府は、西国大名が強大になるのを恐れ、海外への進出どころか、交易までほとんどやめ、大型船の建造を禁じました。

参勤交代でも、大坂より東では船を使うことを禁止しました。西国大名たちは兵庫県姫路市の室津あたりで船を降りて、あとは一カ月近くをかけて陸路江戸に向かいました。小型船では旅程が不確かになりがちというので、最初から歩く大名も多かったのです。

第一三代将軍・家定《いえさだ》のもとに輿入れした篤姫《あつひめ》は、NHK大河ドラマでは船で太平洋に出て嵐に遭っていましたが、本当は鹿児島から二カ月以上もかけて陸路の旅をして江戸にやってきたのです。

そんなわけですから、江戸は水軍の来襲に対して、ほとんど防備がありませんでした。

仮にペリーの艦隊と幕府との間で戦端が開かれ、アメリカ軍が上陸してきたとしても、数日でアメリカ軍は全滅していたでしょう。しかし、当時の江戸は、海岸から二キロほどのところに江戸城があり、そのまわりに大名屋敷があって全国の大名の家族が集められていました。もし戦闘になれば江戸の町は海からの砲撃で丸焼けになり、将軍や幕閣幹部、大名などは逃げ出せても、家族たちにはかなり死者も出たでしょう。また、人質になる者も多くいたでしょうから、最終的には**勝てることが分かっていても、戦おうにも戦えなかったのです**。

ペリーが翌年の来航を予告して帰ったあと、幕府は大急ぎで大名家族を国元へ避難させるなり、甲府城あたりに幕府中枢を移せるように手配すればよかったのですが、それすらしませんでした。

そんな幕府ですから、二度目にペリー艦隊が来た時も、いうことを聞くしかありませんでした。それまでに日本へやってきた異国船は、幕府がこれほど無防備だとは想像すらしていませんでした。だから、幕府から開国を拒絶されるとおとなしく帰っていったのです。ところが、ペリーの威嚇を受け、しかも相手が容易には引き下がらないと見るや、あっさりと開国に応じました。これが、**ペリー艦隊による開国は「コロンブスの卵的な成功」**といった所以です。

第一章

アメリカが鎖国日本の扉を開けたのは偶然ではない

日米関係歴史年表〈1〉

※○で囲んだ数字は、その出来事が起きた月を表す

西暦	主な出来事
1492	⑩コロンブスがアメリカ大陸発見
1607	④バージニアにジェームズタウン建設
1614	①支倉常長がアカプルコに上陸
1620	⑫メイフラワー号マサチューセッツに
1639	⑨ポルトガル船の来航禁止（鎖国）
1755	⑤七年戦争（アメリカではフレンチ・インディアン戦争）
1773	⑫ボストン茶会事件
1775	④独立戦争が勃発する
1776	⑦アメリカ独立宣言
1783	⑨パリ講和条約で独立戦争終わる
1788	⑦アメリカ合衆国憲法の成立
1789	④ワシントンが初代大統領に就任
1790	⑦臨時首都フィラデルフィア。将来はワシントンと決定
1797	③ジョン・アダムスが大統領就任
1800	⑥ワシントンに首都が移転する
1801	③ジェファーソンが大統領就任
1803	③オハイオ州昇格④ルイジアナをフランスから購入
1809	③マディソンが大統領就任
1810	④ルイジアナ州昇格
1812	⑥米英戦争
1817	③モンローが大統領就任
1819	②フロリダをスペインから買収
1823	⑫モンロー宣言で米欧相互不干渉を主張
1825	③ジョン・クィンシー・アダムズが大統領就任
1829	③ジャクソンが大統領就任
1836	③テキサスがメキシコから独立宣言
1837	③バン・ビューレンが大統領就任⑥モリソン号事件
1840	④アヘン戦争が勃発する
1841	③ウィリアム・ハリソンが大統領就任④タイラーが大統領就任
1842	⑦幕府が薪水令を出して鎖国を緩和
1845	③テキサス併合。ポークが大統領就任
1846	⑤米墨戦争起きる⑥オレゴン問題が解決⑦ビッドル艦隊が浦賀に
1848	①カリフォルニアで金鉱発見②カリフォルニア、ネバダなどを編入
1849	③テイラーが大統領就任
1850	⑦フィルモアが大統領就任
1853	③ピアースが大統領就任⑦ペリー艦隊が浦賀に⑩クリミア戦争
1854	②ペリー再来航③日米和親条約締結
1856	⑧ハリスが領事として下田に着任⑩アロー号事件
1857	③ブキャナンが大統領就任⑥下田協約調印
1858	⑦日米修好通商条約調印⑩安政の大獄
1860	②咸臨丸がアメリカへ出航③桜田門外の変
1861	①ヒュースケン暗殺③リンカーンが大統領就任④南北戦争
1863	①奴隷解放宣言⑥下関で長州藩が外国船砲撃事件
1864	⑨アメリカなど四国艦隊が下関砲撃
1865	④リンカーン暗殺。A・ジョンソンが大統領就任
1867	③ロシアからアラスカ買収⑪大政奉還

バージニア植民地は関ヶ原の戦いの頃、成立

コロンブスがアメリカ大陸を発見したのは、一四九二年です。日本では明応元年にあたります。この年の日本ではとくにめぼしい出来事はありませんが、明応年間（一四九二～一五〇一年）といえば、日野富子《ひのとみこ》や蓮如《れんによ》上人など、「応仁《おうにん》の乱」（一四六七～七七年）の時代に活躍した人たちが相次いで死に、龍安寺《りようあんじ》の石庭を造園したともいわれる奇人管領《かんれい》・細川政元《まさもと》の全盛期でした。

また、一四九八年、「明応の大地震」が起きて、浜名湖が海と繋がり、良港だった三重県の津が遠浅になってしまいました。いわゆる南海トラフが動いたのです。

斎藤道三《どうさん》、毛利元就《もうりもとなり》、武田信虎《のぶとら》（信玄の父）といった戦国武将が生まれたのも明応年間です。一言でいえば、**戦国時代が中期に入った時期で、家康・信長・秀吉・信玄・謙信などから一世代半ほど前の時代でした。**

ここで目を転じて、当時のヨーロッパ諸国の動きを概観しておきましょう。

一四九二年、イスラム教徒の追放を目指してのイベリア半島での国土回復運動である「レコンキスタ」が、グラナダ陥落によって完成します。この頃、ポルトガルはすでにア

フリカ経由でインドを目指していました。

それに対抗して、**一四九二年の後半に、西回りでインド航路を開こうとしたのが、スペインに支援されたイタリア人コロンブスです**。スペインのイザベル女王がコロンブスを支援したことから、スペインはのちにアメリカに大帝国を築くことができました。

コロンブスが最初にたどりついたのはバハマです。そののち、エスパニョーラ島にあって現在はドミニカの首都となっているサント・ドミンゴを統治の中心としました。

その後もスペイン人の侵攻は続き、一五二一年にコルテスがアステカ帝国を、一五三四年にはピサロがインカ帝国を征服しました。また、パナマ海峡を越えた探検家バルボアによって太平洋が「発見」されました。

この頃、イギリスはアイルランドへの植民を進めていました。その延長で、大西洋の向こう側に進出する潜在的な動機がありました。また、フランスのブルターニュの船乗りたちも同様でした。

イギリスが新大陸に進出したのは、コロンブスと同じイタリア・ジェノバ生まれのカボットの船団の探検によるものです。カナダ東南岸のケープ・ブレトン島に一四九七年にやってきて、翌年、デラウェアとチェサピーク湾を発見しました。イギリスはこれをのちに北アメリカにおける領有権を主張する根拠としました。

本格的な植民地の建設は、一五八四年にエリザベス女王から免許を得たローリーが、ノースカロライナの海岸に探検隊を送り込んだことに始まります。さらに、一六〇六年、イングランド国王ジェームズ一世が、植民事業のための会社設立に勅許状を与え、こうして誕生したバージニア会社が、最初の植民者一〇五人を北アメリカ大陸に送り込み、バージニア植民地が設立されたのです。

翌年にはジェームズタウンが建設されましたが、とくに価値が高い鉱物も農産物もなく、開発は進みませんでした。しかし、黒人奴隷を使ってタバコ栽培を始めたことから北アメリカ大陸の繁栄が始まりました。さらに綿花栽培も広がりました。

一六二〇年には、メイフラワー号が**「ピルグリム・ファーザー」**と呼ばれるピューリタンたちをマサチューセッツに運んできて、北東部の開発が始まりました。

一方、オランダ人が、一六一三年に先住民からマンハッタン島を購入してニューアムステルダムを建設したのがニューヨークの始まりです。防衛のために城壁（ウォール）を築いたのですが、これが金融街ウォールストリートの語源となります。セオドアとフランクリンという二人の大統領を輩出したルーズベルト家は、オランダ系の名門でした。カナダの開拓も一六〇三年にフランス人たちが入植したのが始まりです。

では、**この頃の日本はといえば、徳川家康が一六〇三年に幕府を開き、一六一五年には大坂夏の陣で豊臣氏を滅ぼした頃にあたります。**

ジョン万次郎は捕鯨船に救助された

日本人で初めてアメリカ大陸に渡ったのは、支倉常長《はせくらつねなが》です。主君の仙台藩主・伊達政宗《だてまさむね》の命で、遣欧使節としてメキシコ経由でヨーロッパを往復しました（一六一三～二〇年）。しかし、徳川幕府は一六三九年に「鎖国」を完成し、アメリカ大陸との交流もそれ以上に発展することなく終わってしまいました。

スペインが伊達政宗と交流したのは、天下を狙う政宗と組んで、日本を乗っ取るためだったなどと唱える人もいますが、そんなだいそれたことではありません。

スペインは、メキシコとフィリピンを領し、中国との貿易をしていました。このルートでは往路は追い風ですが、復路では逆風になって非常な困難を伴いました。

ところが、ディ・ガスペリという宣教師が、北太平洋回りだと容易であることに気がつきました。しかも、この航路は地図上では遠回りに見えますが、地球儀で見ればもっとも近道な航路（大圏航路）であることも分かりました。そこで、仙台を中継地に使うことが検討されたのですが、スペイン政府の内部では、そんなことをすればフィリピンが衰退するといった反対意見が多く、また、日本が鎖国したこともあって結局、沙汰止みになりました。

しかし、この**北太平洋回りの航路の合理性が、アメリカが日本に関心を持つきっかけのひとつになりました。**

アメリカが太平洋に関心を持ち出したのは独立直後からのことでした。目的は中国貿易でしたが、それには、東海岸からはるばる南米大陸の最南端、ホーン岬を通らねばなりませんでした。

アメリカの産物で中国人に喜ばれるものがありませんでした。そこで目をつけたのがエスキモーたちが獲るラッコの毛皮でした。さらにカリフォルニアでゴールドラッシュが起きると、東海岸から生活物資を持ってきてカリフォルニアで売り、代わりに金を積んで中国で陶磁器や茶を買い付けるというルートができました。

ハワイが中継地として整備されましたが、直行するのではなく北回りの大圏航路をとる方が有利であることも分かってきました。

そうなると、航海の安全のためにも、途中で日本へ寄港できると便利です。こうした中で起きたのが、一八三七年の**「モリソン号事件」**で、中国からの帰路の商船が、マカオで保護された日本人漂流民を乗せて浦賀にやってきたのですが、打ち払われてしまいました。これが、アメリカ合衆国と日本の最初の出会いでした。

一八四六年には、清との「望廈《ぼうか》条約」を結んだビッドルという司令官が、その帰途、二隻の軍艦で浦賀にやってきて通商を求めました。幕府が長崎への回航を要求しているうちに「米墨戦争」が勃発したので、アメリカへ帰ってしまいました。

また一八四九年には、アメリカ海軍のグリン中佐が、漂流し抑留されていたアメリカ捕鯨船員を引き取りに長崎に来ています。

当時、**アメリカにとって日本近海は、捕鯨の好漁場としても重要になっていました**。鯨油は、工業用の油として優れた性質を持っていました。灯火や街灯などの照明、石けん原料、ニトログリセリン、害虫駆除、機械用潤滑油などに最適でした。

そこで、薪水の補給や避難のためにも、日本の港を使わせてほしい、寄港や漂着しても処罰されず丁重に扱ってほしい、というアメリカからの要請が強まってきたのです。

ハーマン・メルビルが『白鯨』という小説を発表したのは、ペリーがやってくる二年前の一八五一年でした。その中で、「もし、幾重にも閉ざされたあの日本が外国人を迎え入れるなら、その功績は捕鯨船のものになるだろう。彼らはすでにあの国の扉に近づいている」と書いています。

また、一八四三年、風に流されて伊豆諸島の鳥島に漂着していた土佐の漁師・中浜万次郎（ジョン万次郎）がアメリカの捕鯨船に救出され、一八五一年に琉球経由で帰国しましたが、のちに英語ができる貴重な人材として活躍することになります。

このように、ペリーが日本にやってきた動機は、本格的な貿易を求めるためというより、**北太平洋で活動するアメリカ船の安全をはかることが主眼だったわけです。**

ロシアの進出はナポレオン戦争で頓挫

アメリカが徳川幕府との和親を強く願ったのに、他の国はなぜ日本に強力なアプローチをしなかったのでしょうか。当時のヨーロッパ情勢を振り返ってみましょう。

鎖国に至る以前、南蛮貿易はポルトガルが先行し、スペイン、オランダ、イギリスがそれに追随していました。

しかし、ポルトガルは、パートナーともいうべきイエズス会がカトリックの布教に熱心すぎて幕府に嫌われてしまいます。一方、イギリスとオランダはプロテスタント国でしたが、競争に勝ったのはオランダでした。イギリスは、東アジアでの貿易はオランダに譲り、インドに力を入れます。スペインの動きは、前項で紹介した通りです。

オランダは、幕府に対してカトリックを誹謗中傷し、自分たちは布教しないことを条件に貿易の独占権を得たのです。オランダは、島原の乱（一六三七〜三八年）では、幕府からの依頼で城内に立てこもるキリシタン（カトリック教徒）を砲撃までしています。

長崎貿易の全盛期は、江戸時代中期の元禄時代（一六八八〜一七〇四年）でしたが、日本における金産出量の鈍化や手工業の発展でだんだん下火になっていきました。

そんな中で、**オランダの独占を崩そうとやってきたのがロシアでした**。ロシアはバルト海に出るのにはスウェーデンに、南の黒海へはトルコに、行く手を阻まれて進出が進みませんでした。そこで、毛皮を求めて東へ進出し、すでに一六二四年にオホーツク海に到達し、さらに南下を企図しました。

この動きを日本に知らせたのが、ポーランドでの戦争の捕虜としてカムチャッカに抑留されていたハンガリー人ベニョフスキーでした。一七七一年、彼は脱出に成功して日本にやってきて、カムチャッカや千島へのロシアの進出ぶりを通報したのです。工藤平助の**『赤蝦夷風説考《あかえぞふうせつこう》』**や林子平《はやししへい》の『海国兵談』は、この警告を受けて書かれたものです。

『赤蝦夷風説考』は、老中の田沼意次に献上され、田沼が蝦夷地を積極的に開発して防備も固めようとするきっかけになりました。田沼はアメリカ独立戦争の頃の老中です。

しかし、**初代大統領ジョージ・ワシントン**（在職一七八九～九七年）が大統領だった頃に老中として後継政権を率いた松平定信は、蝦夷地を開墾して住みやすい土地にすると、かえってロシアに狙われると考えました。

もっとも、ラクスマンが漂流民でエカテリーナ二世とも謁見した伊勢・白子出身の大黒屋光太夫を連れてきた時には（一七九二年）、長崎でならというので交渉もし、少しは交易も仕方ないかと思ったようですが、ラクスマンが引き揚げたのでそのままになりました。

その後、ロシアから使節が来航したり、千島や樺太では小競《こぜ》り合いが起きたりしましたが、一八一二年、ナポレオンがモスクワに攻めてくると、ロシアは極東進出どころではなくなりました。

そして、インド支配を固めたイギリスが、オランダがフランスに併合（一八一〇年）された隙を狙って東アジアにやってきます。最初の標的は中国で、**アヘン戦争**（一八四〇〜四二年）で勝利しましたが、日本にまで手を伸ばす余裕はありませんでした。

フランスは、インドと北アメリカの植民地で、イギリスと覇権を争っていましたが、**「七年戦争」**（一七五五〜六三年）で敗れました。

この戦争では、フランスと先住民族インディアンの同盟軍と、イギリス軍およびアメリカ植民地軍の連合軍が戦いました。カナダを領有していたフランスは、インディアンと組んでアメリカ西部を開発しようとしたのですが、バージニアの農場主らは、インディアンを追い払って自分たちで開発しようとしました。この対立が発端となり、戦争に発展したのです。結果、フランスはカナダを失い、原住民も追い払われました。

この戦争で活躍したのがジョージ・ワシントンです。終戦後、イギリスが戦費を植民地であるアメリカにも払わそうとするなど内輪もめが起きました。これが**「アメリカ独立戦争」**の引き金になりました。

この時フランスは、イギリス憎しで独立派を応援しましたが、彼らをフランス陣営に引き込むには力不足でした。その後、フランスはアルジェリアなど、アフリカへの進出を展開します。フランスが東アジアで積極的に活動を始めたのはもう少しあとのことでした。

この英仏両国が幕府や薩長に肩入れして争うようになったのは、一八六〇年代半ばからのことです。そういうことになる前の隙に、アメリカが日本へやってきたのです。

孤立主義のアメリカでペリーは突出したタカ派だった

マシュー・カルブレイス・ペリーは、一七九四年にロードアイランド州ニューポートで海軍一家の家に生まれました。一八一二年からの「米英戦争」に参加し、一八四六年からの「米墨戦争」では、のちに日本に来航する時に使ったミシシッピ号の艦長として参加しました。そして、一八五二年、フィルモア大統領の親書を携え、東インド艦隊司令長官として日本へ出発しました。

ペリーは、それまで日本にやってきたビッドル（一八四六年）やグリン（一八四九年）より大物だったので、十分に調査をする時間や予算を与えられ、また交渉方針に自分の意向をかなり反映できました。

まず、ペリーは、**「恐怖に訴える方が、友好に訴えるより多くの利点があるだろう」**と考えました。

その恐怖を導き出すために、目に見える形の圧力として大型の蒸気軍艦が有効であると考えました。

まず補給基地も確保しようとして小笠原や琉球に立ち寄ったのち、一八五三年七月八日（嘉永六年六月三日）、浦賀に来航しました。ペリーは、神奈川県の久里浜で大統領の親書を手渡し、湾内を測量したのち、翌年の再来を予告して引き揚げました。食料などの補給の都合で長居は無理だったのです。

年が明けて、一八五四年二月一三日（同七年一月一六日）、旗艦サスケハナ号など七隻の軍艦とともにペリーは再来日し、横浜沖まで進んで早期の条約締結を求めました。そして、三月三一日（同三月三日）、神奈川で日米和親条約を調印しました。

その内容は、①日本はアメリカに対して燃料や食料を提供し船や乗務員を保護する、②下田・箱館（函館）の二港を開港し領事の駐在を認める、③日本が他の国と結んだ条約の中で有利な条件は自動的にアメリカにも与える最恵国待遇を認める、というものでした。

貿易については、ペリーは強く求めることはしませんでした。もし通商を頑なに要求していたら、交渉は決裂していた可能性が高かったでしょう。また、一回目の来航時と二回目の来航時というふうに開国を二段階で行えたのは、その間にさまざまな準備が可能にな

マシュー・カルブレイス・ペリー。1853年7月8日に浦賀に来航した（毎日新聞社）

ったわけで、その意味では日本にとって幸運なことだったと思います。

ペリーは、もちろん日米友好を心優しく迫ったわけではなく、恐怖に訴えてきました。しかし結果論としては、**日本が開国の時機を失することなく、しかも国内的な激変なしにそれを可能にしてくれた**わけで、彼は日本の恩人といえなくもありません。

また、第一四代フランクリン・ピアース大統領の孤立主義のために、ペリーが意図していた通りの外交戦略を遂行できなかったことこそ、日本にとってはラッキーだったともいえます。一回目の来航から、二回目までの間に大統領がフィルモアからピアースに交代していました。ペリーはピアースから、交渉が決裂した場合には陸戦に及んでもよいという許可を得ていなかったのです。

その意味で、ペリーの脅しは、はったりでした。もうひとつ、ペリーは小笠原の領有宣言をしたり、琉球と琉米修好条約を結んで植民地化も辞さない勢いでしたが、その維持に兵力も資金もいるとしてこれにもワシントンの政府が反対しました。

もし、ペリーの狙い通りに小笠原などがアメリカのものになっていたら、のちのち日本がこれを取り返すのはたいへんだったと思われます。またそれ以上に、イギリスなど第三国に横取りされる危険もありました。そういう意味で、**日本はピアース政権の孤立主義に**

救われたともいえるのです。

ハリスが示した親切の押し売り

日米修好通商条約を結ぶことに活躍した**タウンゼント・ハリス**は、一八〇四年にニューヨーク州で生まれました。家業の陶磁器輸入業の仕事をしながら独学で何カ国語もの外国語をマスターしました。ニューヨーク市の教育局長としてニューヨーク市立大学の創立にも携わりました。

マザコン気味の母親っ子だったためにニューヨークを離れなかったともいわれますが、母の死後上海に渡り、そこでビジネスに成功しました。ペリーの来航にも同行を望みましたが、軍人ではないために断られています。

そして、浙江省寧波《せっこうしょうにんぽー》の領事になり、さらに、日米和親条約に基づいて創設された下田総領事に立候補し、ピアース大統領から任命されました（一八五五年）。ニューヨーク時代の人脈を使って、国務長官ウィリアム・マーシーに取り入った結果でした。当時のアメリカではプロの外交官が育たず、政治資金を献金した実業家が大使や領事になることが多かったのです。
この習慣は今でも続き、キャロライン・ケネディ駐日大使の前任のルースもそうでした。あるいは、ケネディ大統領（在職一九六一～六三年）の父親のジョゼフ・ケネディが駐英大使になったのも同様でしたが、一九世紀にはもっと一般的でした。

アメリカは、日本を平和的に開国させ、諸外国の専制的介入を防いでアメリカの東洋における貿易権益を確保することを目論んでいました。そのために、ハリスに全権を委任しました。

ハリスは、オランダ生まれのヘンリー・ヒュースケンを通訳兼書記官として伴い、ヨーロッパから香港経由で、一八五六年八月二一日に伊豆の下田へ入りました。

玉泉寺に領事館を構え、大統領親書の提出のために江戸出府を要求しました。しかし、水戸藩の徳川斉昭《なりあき》ら攘夷論者が反対したので、幕府はこれを認めず、そのかわりに、下田奉行・井上清直《きよなお》に和親条約の改正交渉を行わせ、一八五七年五月に下田協定が調印されました。この中で、ドルと幕府の通貨との交換比率が定められ、また、**治外法権**が認められました。

さらに、七月にアメリカの軍艦が一年ぶりに寄港し、ハリスが海路で江戸に向かうことを警戒した幕府は、ハリスの陸路での江戸参府を認めました。

ハリスとヒュースケンらは一〇月に下田を出発して江戸に入り、第一三代将軍・徳川家定に謁見し、親書を読み上げました。

ハリスは、英仏艦隊の来航の可能性とイギリスによるアヘンの強制の害を説き、アメリカと最初に通商条約を結ぶことが日本にとっていかに有利であるかを主張しました。

この時のハリスのアメリカがヨーロッパよりも良心的だという主張には手前味噌なところもありますし、腹黒く日本をだまそうとしていたという見方もできるでしょうが、**ハリスが中国での経験で、イギリスのやり方に憤りを覚えていたことも事実です。**また、当時のアメリカには、イギリスやフランスのように、海外で大兵力を展開する力がまだなかったということもありました。このあたりをどういう角度で見るかで、当時のアメリカに対する評価が大きく変わってきます。

一方、日本側では、外国奉行・岩瀬忠震《ただなり》が交渉の責任者でした。八〇〇石の旗本で伊達政宗の男系子孫であり、昌平坂《しょうへいざか》学問所の創立者である林述斎《じゅっさい》の孫でもありました。この岩瀬や一緒に交渉に当たった同じく外国奉行の井上清直を、よく頑張ったと評価するべきか、不平等条約を飲まされた戦犯というべきなのかも、見る角度によると思います。

実際、彼らの交渉力はかなりの水準でした。ハリスが「アメリカは外国から領土を奪ったことがない」といえば、「メキシコからカリフォルニアをとったではないか」と反論したり、アメリカがイギリスの対中アヘン貿易を批判したことに対しても、アメリカの商人もアヘン貿易に関わっている事実を指摘したりしています。

しかし、ペリーが来て和親条約を結んでからすでに数年も経っているわけですから、外国奉行がそのくらい知っていて当然といえば当然です。そもそも鎖国という愚かなことをして世界の情報から隔絶していたのが悪いわけで、本来なら、**せめて海外に留学生を出して、国際法くらい学ばせておくべきだったはずです**。

結局、ハリスに教えを請いながら交渉することになりましたので、ハリスがいうことの矛盾をつくことはできても、不利な条項を排除して有利に運ぶところまでは無理でした。

官僚制度というものは、政権が長く続くとだんだん受け身に臆病になり、些細なケチをつけることには長じるものの、肝心なところを見落とすことが多くなります。江戸幕府の役人たちは、その極致ともいうべき退嬰《たいえい》的な存在でした。

交渉は日本国内での調整に時間がかかり、手間取りました。幕府では、一八五七年の夏に死去した阿部正弘《あべまさひろ》に代わって筆頭老中になっていた堀田正睦《ほったまさよし》が、水戸藩主の徳川斉昭らの反対論を押さえ込もうと工作しました。そして、勅許を得て難局を乗り切ろうとしたのですが、有栖川《ありすがわ》家から正室（第一五代将軍・慶喜《よしのぶ》の母）を迎えるなど、朝廷に豊富な人脈を持つ斉昭に巻き返されてしまいました。

堀田正睦は、賄賂で公家を籠絡《ろうらく》するつもりだったのですが、孝明天皇は金品の受け取りを禁止して対抗し、三月二〇日に正式に拒否を伝えられ、堀田は悄然と江戸に帰りました。

ハリスと幕府との交渉は、勅許を得られる見通しがなくなったあとも続けられました。一八五八年六月中旬に、アロー戦争（第二次アヘン戦争）での英仏連合軍の勝利が伝えられたこともあり、新任の大老井伊直弼は調印に踏み切り、六月一九日に神奈川沖の米艦ポーハタン号上で締結しました。これが、**日米修好通商条約**です。

その内容は以下の通りでした。①箱館・神奈川（横浜）・長崎・新潟・兵庫（神戸）の開港、江戸・大坂の開市、②これらの地における自由な売買、開港場での居留と開市場での逗留の許可、③関税を協議で決めること、④領事裁判権（治外法権）を認める、⑤在留米国人の信教・教会建設の自由の保障、アヘンの禁輸、などでした。

治外法権については、日本の法制度が整備されていない以上、いたしかたない面もありました。とはいえ、せめて年限を区切るとか永続を避ける工夫はあってしかるべきでした。

関税自主権は、関税率が二〇％というそれなりに高い水準だったので、それほど日本に不都合はないはずでしたが、のちに、他の案件と引き換えに引き下げられ、被害が拡大しました。しかも、将来までこれに拘束されたのは大失敗でした。

井伊大老は開国の恩人か

この頃、病身の第一三代将軍・家定の継嗣《けいし》を誰にするかが、徳川斉昭の七男・一橋慶喜と紀州の徳川慶福《よしとみ》（家茂《いえもち》）の間で争われていました。その決着をつける必要もあり、一八五八年四月二三日に**井伊直弼**が大老になりました。大老とは、本来は老中の決定に重みをつけるための臨時のポストで、名誉会長みたいな役職でした。ところが、井伊直弼は代表取締役として全権を掌握することになったのです。

井伊大老は、生まれながらの殿様候補ではありませんでした。養子のもらい手が見つからず、彦根の城下の埋木舎《うもれぎのや》で中級武士並みの禄高で部屋住み生活をしていました。そのおかげで、学問もできるし、世情にも通じ、勤勉でした。**事なかれ主義の「おぼっちゃま殿様」や旗本と違って、信念を持って事にあたりました。**

黒船の脅威にさらされ、経済の発展に従って社会の矛盾も大きくなるような非常事態の中では、強力な中央政府が必要だったのは確かです。

そこで、討幕派は、幕府という中世的な封建体制では乗り切れないと判断し、朝廷を中心とした新政府にしようとしました。一方、中間派の薩摩藩主・島津斉彬《なりあきら》や福井藩主・松平春嶽《しゅんがく》ら当時の一橋派は、有力諸侯の合議による連邦政府化に活路を求めました。これらに対し、井伊直弼らは幕府による中央集権化を狙ったわけです。

井伊直弼について、アメリカの圧力を恐れて一時しのぎの糊塗策《ことさく》で開国しただけの単なる守旧派と評する人もいますが、それは間違いです。開国という一点においても、井伊大老による決断が大きな意味を持っていましたから、**「開国の恩人」**といっても過言ではないと私は思います。

面白いのは、井伊大老が、島津斉彬の従兄弟で斉彬とライバル関係にあった佐賀藩の名君・鍋島直正《なおまさ》と連携していたことです。井伊は直正の優れた軍需産業育成などに注目し、次の参勤交代は、軍鑑で江戸まで来たらどうかとまでいったそうです。

その直正は、一八六〇年の**「桜田門外の変」**で井伊が水戸藩士らに暗殺されたあとは、井伊との密な関係で処罰されることを恐れて政治の表舞台から退き、自藩の富国強兵につとめました。そして、戊辰戦争の土壇場になって官軍主力として参加し、上野の彰義隊《しょうぎたい》と会津の若松城をアームストロング砲で木っ端微塵にしました。

ただ、井伊の路線にはやはり無理がありました。ひとつは、大老が権力を振るうというのが異例で、**「正統性」がなかった**ことです。もうひとつは、「江戸藩」として考えた場合の幕府が、ドイツにおけるプロイセンと違って富国強兵に失敗し、薩長土肥などの雄藩と比べて後進藩だったことです。

それを可能にするような土壌が幕府にあったなら、時代を遡れば、江戸時代中期の田沼意次による経済改革がもっと徹底し、松平定信のような反動路線に迷い込むこともなかったでしょう。また、「天保の改革」で知られる江戸時代後期の水野忠邦《ただくに》は、中央集権化と富国強兵については正しい認識を持っていましたが、経済政策についての知識がお粗末で緊縮策だけで乗り切ろうとして失敗しています。一方、**幕府がこのようにして惰眠を貪っている数十年の間に、薩長土肥などは、富国強兵に成功していたのです。**

桜田門外の変については、水戸藩が朝廷と直接交渉をして勅命を受けるということをしたのがそもそもの原因です。これは一種のクーデターですから、厳罰が当然で、水戸藩についてはは安政の大獄は自業自得です。しかし、そのついでに、吉田松陰まで幅広い反体制

井伊直弼。第15代彦根藩主。「開国」に果たした役割は大きい（アフロ）

派を一網打尽にしようとしたのがやりすぎでした。

その結果、井伊は暗殺され、やがて江戸に住んだことがないという無位無冠の島津久光（薩摩藩主の実父。自身は藩主だったことはない）が常識破りで、大兵力を伴って上洛し、さらに勅使を随伴させての江戸下向で**「文久二年の政変」**（一八六三年）を起こし、かつての一橋派が復活して幕府中心の集権化は無理になりました。

フランスと組んで最後のあがきをしたのが、幕臣の**小栗忠順**《おぐりただまさ》でしたが、フランスにそこまでの力はありませんでした。また、三河武士出身の旗本だった小栗は徳川絶対主義者でした。多くの大名が共有していた尊皇思想についての理解すらなく、水戸出身で尊皇思想の持ち主だった徳川慶喜とはそりが合いませんでした。そのため、大きな流れをつくりだせなかったともいえます。

「鳥羽伏見の戦い」（一八六八年）のあと、小栗が徳川慶喜から追放されて江戸城を出なくてはならなくなったのは当然の帰結でした。

咸臨丸で福沢諭吉や勝海舟が渡米

安政の修好通商条約締結から明治維新までの期間、アメリカの影は薄くなります。一八五九年にハリスは下田から江戸の公使館に移りますが、一八六一年には、駐日アメリカ公使館の通訳だったヒュースケンが暗殺されるという事件が起きました。また、同じ年には南北戦争が始まり、健康も優れなかったハリスはその翌年に帰国しました。

戦争中も両国の通商は拡大しました。一八六四年に四国艦隊が下関を砲撃した時は、アメリカの軍艦も参加しましたが、この頃は、イギリスとフランスが日本をめぐって覇を競い合うようになり、アメリカは脇役に留まっていました。

そんな中で、**一八六〇年に咸臨丸《かんりんまる》などによる万延元年遣米使節の派遣があり、これが日本政府が西洋に派遣した最初の公式使節となりました。**アメリカにおいても未知の国との出会いとして大きな衝撃を与えました。

これは、幕府が日米修好通商条約の批准書交換のために派遣したものでした。正使および副使として外国奉行の経験者だった新見正興《しんみまさおき》と村垣範正《むらがきのりまさ》、目付として小栗忠順らがいました。また、勝海舟や福沢諭吉、中浜万次郎（ジョン万次郎）らも参加しました。

一行は、ハワイ王国とサンフランシスコを経てパナマへ向かい、運河はまだなかったので、鉄道でパナマ地峡を横断し、大西洋側に出てからワシントンへ向かいました。一八六〇年の五月一七日に、第一五代ジェームズ・ブキャナン大統領（在職一八五七〜六一年）に謁見して批准書を渡しました。そののちニューヨークを訪問し、ブロードウェイで歓迎パレードが行われましたが、「東方の神秘なる国から来た日本人」を見るために、五〇万人もの人が集まったといいます。

アメリカの詩人・ホイットマンは『ブロードウェイの華麗な行列』という詩で、「西の海を越え、遙かなる日本からアメリカに渡ってきた、頬は日焼けし、刀を二本さした礼儀正しき使節よ、幌もない馬車上に身をゆだね、帽子もかぶらずに堂々と、この日マンハッタンの街をゆく」と詠っています。

彼らは、幕府の超エリートたちでしたので、服装も態度も立派だったのは当然だと思いますが、この詩からは、凛々しいサムライたちへの讃辞のどよめきが聞こえてくるようで感動的です。

こうして使節がヨーロッパではなく、まずアメリカにやってきたことは、新興国アメリカ人のプライドを満足させたといえるでしょう。**日本とアメリカの最初の出会いは、アメ**

■南北戦争と奴隷制度

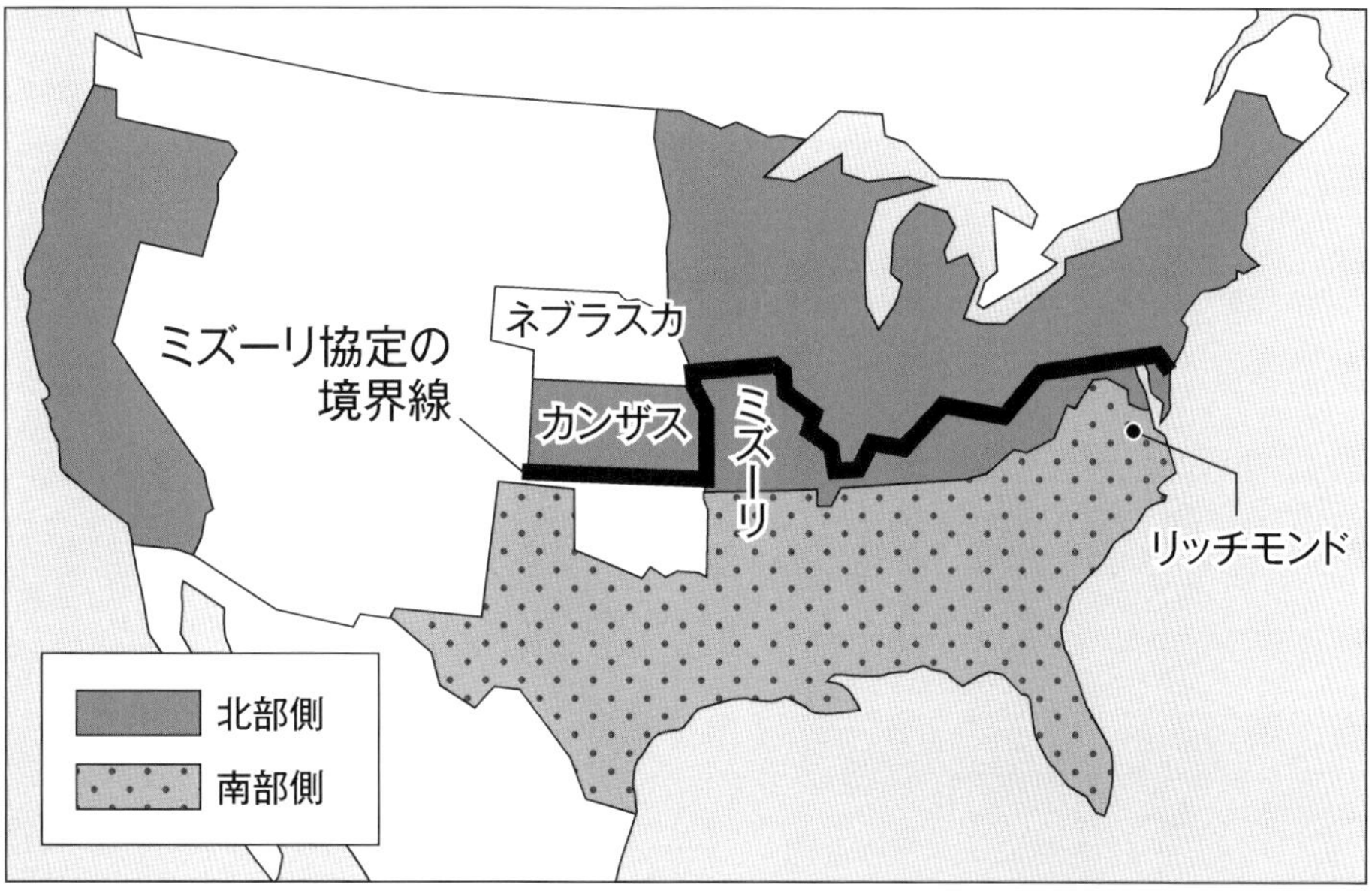

リカ人にとってはとてもよい印象を与えたのです。

この使節団は、最初の難しい日米経済交渉を行いました。それは、通貨交換比率の交渉でした。いろいろな事情で、この時代の日本では品質の悪い一分銀という銀貨が、金属としての値打ちが低いのに、一両の四分の三と同価値とされていました。そこで、金の含有量だと天保小判五両で二〇ドル金貨だったのですが、一ドルのメキシコ銀貨は一分銀で、それは、国内レートで天保小判〇・七五両と交換でき、それは金貨三ドルに相当しましたので、たちまち、日本には安価な銀貨が大量に流れ込み、そのかわりに三倍の値打ちがある莫大な金貨が流出してしまったのです。

そこで、小栗忠順はフィラデルフィアの造幣局に乗り込んで分析させ、メキシコ銀貨と一分銀との交換を停止させるように要求しました。この交渉はうまくまとまらなかったのですが、**日本の側の交渉能力が向上したことを認識させ、そののちの交渉を有利に進める土台になりました。**

この問題は、幕府が品質の低い万延小判を鋳造して金銀の比価を是正したことで解決しましたが、そのかわり国内はインフレに見舞われ、倒幕の一因にもなりました。

第二章

明治維新から日露戦争まで

日米関係歴史年表〈2〉

※◯で囲んだ数字は、その出来事が起きた月を表す

西暦	元号	主な出来事
1868	慶応4 明治元	①王政復古。戊辰戦争⑤江戸開城⑩明治改元
1869	明治2	③グラントが大統領就任⑤大陸横断鉄道開通
1871	明治4	⑦廃藩置県⑪岩倉使節団出発⑫日の丸演説
1872	明治5	①岩倉使節団ワシントンで大統領拝謁
1873	明治6	⑩征韓論が敗れ西郷下野
1874	明治7	④台湾に出兵する
1877	明治10	②西南戦争③ヘイズが大統領就任
1878	明治11	⑦吉田・エバーツ協定
1879	明治12	⑥グラント前大統領来日
1881	明治14	③ガーフィールドが大統領就任⑨アーサーが大統領就任
1882	明治15	①条約改正予備会議
1885	明治18	③クリーブランドが大統領就任⑫内閣制度発足。伊藤内閣が成立
1886	明治19	⑤井上外相条約改正会議開催
1888	明治21	②大隈重信が外相④黒田内閣が成立
1889	明治22	②大日本帝国憲法③B・ハリソンが大統領就任⑫山県内閣が成立
1891	明治24	⑤松方内閣が成立
1892	明治25	⑧伊藤内閣が成立
1893	明治26	③クリーブランドが大統領就任に再任
1894	明治27	⑨日清戦争⑪日米条約改正
1895	明治28	④下関条約。三国干渉
1896	明治29	⑨松方内閣が成立
1897	明治30	③マッキンリーが大統領就任
1898	明治31	①伊藤内閣②米西戦争⑥大隈内閣が成立。ハワイ併合 ⑪山県内閣が成立⑫フィリピン米領に
1899	明治32	⑨国務長官ヘイの門戸開放宣言
1900	明治33	⑥義和団事件(北清事変)⑩伊藤内閣が成立
1901	明治34	⑥桂内閣が成立⑨マッキンリー暗殺。T・ルーズベルトが大統領就任
1902	明治35	①日英同盟が締結される
1904	明治37	②日露戦争が勃発する
1905	明治38	⑤日本海海戦⑦桂・タフト協定⑨ポーツマス条約

伊藤博文の「日の丸演説」

ユリシーズ・S・グラント大統領（在職一八六九〜七七年）は、南北戦争（一八六一〜六五年）で総司令官として北軍を勝利に導いた英雄でした。しかし、大統領としては最低クラスだというアメリカ人も多いようです。中でも、リベラルなインテリからの評価が低いのです。在職中は汚職が蔓延し、それに対し大統領として毅然たる対応をとらなかったことが理由です。

しかし、アメリカ経済が世界一になっていく過程で、グラントに多大な功績があったことは確かで、ちょっと厳しすぎる評価だと思います。当時、海外からは、ワシントンと並ぶ偉大な大統領と称されましたし、現在も五〇ドル紙幣にその肖像が使われています。

とりわけ、**日本にとってグラント大統領は、日露戦争のポーツマス和平会議を斡旋してくれたセオドア・ルーズベルト大統領と並んで、恩人ともいうべき人物なのです。**

まず、岩倉使節団をワシントンに温かく迎えてくれたのがこのグラント大統領でした。そして、離任後ではありますが、グラントは世界一周旅行の途中日本に立ち寄り、明治天皇に的確なアドバイスを与えて、大帝として成長する上で決定的な刺激を与えてくれました。

新政府は、一八七一年（明治四年）に**廃藩置県**を断行し、旧体制との決別にひとつの区切りをつけました。この頃、人々は熱に浮かされたように欧米の文化に憧れ、採り入れようとしていました。こうした機運の高まる中で、同年一二月、**岩倉使節団**が欧米へ派遣されるのですが、その経緯は次のようなものでした。

オランダ系アメリカ人宣教師のグイド・フルベッキから、政府幹部が欧米へ渡航して現地を視察してはどうかという勧めがありました。当時は、多くのお雇い外国人が海外から招かれていましたが、フルベッキもその一人でした。この頃、日本と各国との通商条約の改正期が近づいており、その〝瀬踏み〟もしたいということで派遣が決まりました。

フルベッキは大隈重信と親交があったので、もともとは大隈が窓口でした。使節団も当初は大隈団長が順当と思われたのですが、結果的に、太政大臣・三条実美《さねとみ》につぐナンバーツーの岩倉具視を団長として、大久保利通《おおくぼとしみち》と木戸孝允《きどたかよし》が副団長になり、伊藤博文なども参加して政府首脳の半分が参加する空前絶後の使節団ができ上がり、大隈は外されました。結局、大隈は海外渡航の機会を持てず現実的な国際感覚に欠如する原因になりました。期間は当初の予定でも一〇カ月、結果的には一年一〇カ月にも及びました。

幕末の使節団とは比較にならない、その名もアメリカ号という豪華船で横浜港を出発した一行は、サンフランシスコで大歓迎を受けます。この時、伊藤博文が市長による歓迎の宴席で、のちに**「日の丸演説」**と呼ばれる英語のスピーチをして大喝采を受けました。これは、当時の日本の政治リーダーたちの意識を雄弁に物語るものなので、次にその全文を掲げておきます。

ここにお集まりの方々とサンフランシスコ市民の皆様。私たちの使節団がアメリカに到着してから、いたるところで受けた丁重な歓迎ぶり、とくに、今宵の特別なおもてなしに対し、心からの感謝をご列席の皆様とサンフランシスコ市民に申し上げます。今宵は、日本において断行されました幾多の改革について、ありのままにその内容を紹介する良い機会だと考えます。なんとなれば、外国では日本の事情について正確には知られていないからであります。

いま日本では、アメリカを第一号として締結された条約の相手国との親交は守られ、国民の理解のもと、通商関係も発展しております。私どもの使節団は、日本が現在において両国民の権利と利益を保護するにつとめているだけでなく、将来においても、両国民の結合をより親密にしうると考え、天皇陛下から特命を受けて派遣されたものであります。日米両国民は、互いによく知ることによって、ますます、理解し合えると確信します。

日本人は、読み、聞き、視察することにより諸外国に現存する政体、風俗、習慣につき知識を得て、いまやそれらは、日本全国で理解されております。こんにち、**日本の政府と国民のもっとも熱烈な希望は、先進諸国の享有する文明の最高点に到達しようということであります。**この目的に鑑み、我々は陸海軍、学術、教育の諸制度を採用し、交流の拡大に伴って知識は自由に流入しております。

日本の発展は物質文明においても迅速ですが、国民の精神的改良ははるかに大きな成果を挙げております。日本のインテリたちはよく調べ上げた上でこうした考え方において一致しております。

数千年のあいだ専制政治に絶対服従しているあいだ、日本人は思想の自由を知りませんでした。物質的な意味での改善に伴い、日本人はこれまで許されてこなかった権利があることを諒解するようになっております。

もっともこうした変化すら、一時の現象に過ぎません。日本の諸侯は自発的にその版図《はんと》を奉還し、それを新政府は受け入れ、数百年強固に存在した封建制度は、一発の弾丸を放たず、一滴の血も流さず、一年もかからずに撤廃されました。

こうした驚くべき成果は、政府と国民の合同行為で成就されましたが、いまや一致して平和的に前進しつつあります。このように戦争なくして封建制度を打破できた国がほかにあるでしょうか。

こうした事実は、日本における精神的進歩が、物質面での改善を凌駕《りょうが》するものであることを証明しております。また女子教育の進展は将来の時代において現在よりさらに知的レベルの向上をもたらすこととなるでしょう。この目的を達するために今回の使節団には少女たちをアメリカ留学のために連れてきております。

日本はまだ創造的能力を誇ることはできませんが、**先生とするべき欧米文明諸国の歴史に学んで、その採るべき所は採用し、誤りは避け、実際的な知恵を獲得してゆきたいと思います。**一年足らず前に、私はアメリカの財政制度を詳細に調査したのですが、その時、ワシントンの財務省高官から貴重な援助をいただきました。こうして私が学んださまざまな事柄は政府に報告しましたが、その献策はだいたいにおいて採用され、すでに実行に移されたことも多くあります。

現に私が管轄しております工部省においても、進歩にはおおいに見るべきものがあります。鉄道は帝国の東西両方向において開通し、電信網は国土の数百里にわたって敷設され、数カ月内にはほとんど千里に達するでしょう。灯台は沿岸に整備され、造船所も活動を開始しております。これらのインフラは日本の文明開化におおいに資するものであり、アメリカおよびヨーロッパ諸国などに深く感謝するものです。

我が使節としても私個人にしても、我らの最大の希望は、日本に有益であり、その物的、知的方面における継続的な進歩に貢献すべき材料を持って帰国することです。我々はもとより日本人の権利と利益を保護する義務を負うと同時に、通商を拡大し、かつ、生産を増加させる基礎をつくることにあります。

太平洋上にまさに展開しようとしている新通商時代に参加し、おおいになすことがあるという大通商国民として、日本はアメリカに対し、熱心な協力を行いたいと考えております。アメリカの現代的な発明と、蓄えられている知識の成果を採り入れることにより、**みなさんの祖先が数年を要した事業を、数日にしてできるほどになっています**。この貴重なチャンスの時代にあって、我々は時を惜しまなくてはなりません。ゆえに日本は切に急進を望んでいるのです。

我が国旗の中央にある**日の丸**は、もはや帝国を封じた封蝋のように見えることはなく、これからは、その本来の意匠であるところの昇る朝日の尊い旗印となり、**世界における文明諸国の間に伍して未来へ向かって昇っていくことでありましょう。**

（原文は英語。今日的なスピーチらしく意訳した）

岩倉使節団と条約改正問題

岩倉使節団は、開通したばかりの大陸横断鉄道の寝台列車で、途中七泊の予定でサンフランシスコからワシントンに向かいました。しかし、この年は大雪でロッキー山脈の途中で立ち往生し、ソルトレークシティーで新年を迎えることになりました。モルモン教の本山があるところだったので、現地の一夫多妻制が使節団を驚かせました。

この横断旅行の途中、彼らはインディアンとも遭遇します。白人に土地を奪われ、支配される彼らの運命に同情しつつ、弱肉強食の現実をあらためて心に刻み、「帝国の使節と聞き敬意を示しに来たのだろう。我々と祖先は同じらしい」として、「せめて亡国の民に一滴の同情の涙を贈ろうではないか」と使節団の記録は感想を書き残しています。

中継地のシカゴには、日本からの留学生などが集まって待ち受けていましたが、その中には岩倉具視の二人の息子たちもおり、彼らの勧めで岩倉は「豚の尻尾のように見える」髷を切ることになりました。

そして、合衆国の首都ワシントンに入りますが、ここでハプニングが起こります。アメリカ側の大歓迎に気をよくした一行は、**予定になかった不平等条約の改正交渉を始めてしまうのです**。

当初、幕府にはアメリカと不利な条約を結んだという自覚はあまりありませんでした。しかし、関税自主権を失ったことがいかに重大なことかは、この使節団の前年に訪米した伊藤博文が正しく理解していて、それ以来、新政府は条約改正を悲願としていたのです。

そこで、この旅行からの帰国後に国内で議論し、その上で改めてアメリカと交渉に入るという手はずを、雰囲気がいいからといって、いきなり交渉を始めたのです。

一行がグラント大統領をホワイトハウスに訪ねた時、岩倉は衣冠束帯《いかんそくたい》の服装でした。この時、グラントは、次のようなことをいいました。

「アメリカと最初に和親条約を結んだ日本が海外に派遣した使節を、最初に受け入れる光栄は歴史に名を留めるでしょうし、アメリカと私自身の在職期間中の慶事となるでしょう。一国の繁栄と幸福は、互いにその長所を採ることによってもたらされます。日本は建国以来長い歴史があり、アメリカは新興国のひとつにすぎません。しかし、我が国は旧制を改める政治を行い、すこぶる繁栄しています。人民が富強幸福を受けるのは、外国と交際し貿易を鼓舞し、人の功労を尊重して、実学を用いて産業を振興し、交通を便利にし、移住を受け入れることで実現します。出版を制限せず、宗教や能力の発揮を束縛しないことによるのです。条約改正の交渉は私の喜びであり、両国間の貿易方法の修正は重要で望むところであります」

しかし、国務長官のハミルトン・フィッシュは、使節団には政府からの全権委任状がないと指摘しました。すると、なんと大久保と伊藤は東京に委任状をとりに戻ったのです。その間、岩倉や木戸は精力的に視察に回ります。また、木戸はアメリカ憲法に興味を持って本格的に研究を始め、翻訳を始めます。これが、**憲政樹立の第一歩**になります。

日本に帰った大久保たちは、性急に事を進めないようにと釘を刺された上で委任状を得ますが、アメリカではドイツから最恵国待遇の規定があるので、下手な代替条件で改正するとかえって不利になるとの忠告があったり、ロンドンからは日本からの留学生が同様のことをご注進にやってきたりして改正交渉はとりやめになります。

つまり、アメリカと関税自主権を回復するかわりに別の商業上の特権を与える交渉が成立すると、ヨーロッパ諸国にも同じ特権を認めなくてはならなくなり、一方、関税自主権が欧州各国に対してないのはそのままということになりかねなかったのです。

こうしてこの時の条約改正は実現しませんでしたが、この旅行は日米友好の礎としては大きな意味がありました。**新興国アメリカは、日本が政府要人の外国訪問をアメリカから始めたということだけで好感を持ちました**し、文明開化のためにヨーロッパだけでなくアメリカからも学ぼうという日本を評価したのは当然でしょう。

とにかく、アメリカ人は今でもそうですが、教えを垂れるのが大好きな国民です。そして、教えを聞こうという気持ちを示す国や個人にはかなり献身的に尽くしてくれるというのは今も昔も同じです。

岩倉使節団には津田梅子や山川捨松《すてまつ》（のちに大山巌《いわお》夫人）らも参加していて、彼女たちはそのままアメリカに残って勉学を行い、帰国後は、近代女子教育のために尽くすことになります。

アメリカとの条約改正交渉は尻切れトンボになりましたが、一八七八年に「吉田・エバーツ協定」で、開港場の増設などと引き換えに関税自主権を回復させることが承認されています。他国も同意することが条件でしたので、すぐには成立しなかったのですが、アメリカがいち早く日本の立場を支持したことは日米友好の大きな財産になりました。

グラント前大統領の来日

第六代グラント大統領の時代は**「金ぴか時代」**と呼ばれます。ロックフェラーやカーネギーが大金持ちになった時代です。

グラントは、一八二二年、オハイオ州で皮革製造業者である父のもとに生まれ、ウェストポイントのアメリカ陸軍士官学校に学んで軍人になりました。米墨戦争で活躍しましたが、酒癖が悪く一時除隊していました。しかし、南北戦争でリンカーンから北軍の総指揮官に指名されて復帰し、総力戦をたくみに組織して南軍を追い詰めました。

リンカーン大統領（在職一八六一～六五年）が暗殺されたあとは、副大統領のアンドリュー・ジョンソン（在職一八六五～六九年）が昇格していましたが、評判が悪く、共和党からグラントが出馬して当選しました。

グラントがおおらかすぎたこともあって、汚職など政治腐敗がひどかったのは事実です。一方で、財務長官バウトウェルのもと、無駄な支出や余剰の財務省職員の削減、通貨偽造阻止のための造幣機構改革、徴税機能の向上など、広範な財務省改革を推進しました。政府財政は黒字になり、南北戦争中の戦時国債を償還し、減税も実現しました。

インフレ率も下落し、米国の貿易収支は一億三〇〇〇万ドルの赤字から一億二〇〇〇万ドルの黒字に転換しました。

三期目に挑戦したかったグラントでしたが、腐敗への批判が高まり、捲土重来《けんどちょうらい》を期して立候補を断念しました。そして夫人とともに世界一周旅行に出たのです。

ヨーロッパでは南北戦争の英雄を大歓迎しました。各国政府や王侯たちはもちろんですが、スコットランドでは炭鉱夫のような労働者たちもこのきさくなアメリカ人にたいへんな好感を示しました。そして北京で李鴻章《りこうしょう》らと会談したのち、一八七九年（明治一二年）に日本を訪れました。

長崎に着いたあと、関西に立ち寄るつもりでしたが、コレラが流行していたため取りやめ、東京へやってきました。東京でも大歓迎され、日光にも足を延ばしました。

そんな中で、グラントは、白木《しらき》が基調となった日本の建築に触れ、丸太小屋のアメリカの伝統的文化と共通のものを感じたようです。

アメリカ文化には二面性があります。一つはラスベガスに象徴されるヨーロッパ文化の文物を大きく豪華にしたもの。これはこれでまことにアメリカらしいのですが、丸太小屋やジーンズやカントリーミュージックに代表される素朴な側面も、アメリカ人の好みを象徴しています。

グラントの時代は「金ぴか時代」でしたが、大統領自身は丸太小屋派でした。そして、世界一周旅行の最後に訪れた日本がすっかり気に入ったというわけです。

ヨーロッパでは、オペラ鑑賞を退屈きわまりないと途中退席した将軍でしたが、岩倉具視が饗応のために催した能に感激し、それを永く保護するよう勧めました。

そして、**明治天皇や政府首脳と会談し、まことに友好的にこの若い東洋の島国のために貴重なアドバイスをしてくれました。**

「日本は軍事物資、陸軍、海軍ともに清国に勝っている。清国は日本に手も足も出ないだろう」「アメリカが東洋で獲得するものは、同様の利益を東洋の人々に保障するものだけに限られるべきである」「独立や国の存立に必須であり、いかなる国も手放そうとしない権利というものが、清国と日本にだけは認められないなどということがあってはならない」「外国からの借金は国家としてもっとも避けるべきだ」「国会開設は必要だが急がない方がいい。政党に力を一度与えたら後戻りできない」などなど、**進むべき現実的な道について適切な助言をして、明治天皇自身も含めて最高指導者層に感銘を与えたのです。**

ハリスが感じたのと同じように、グラントにはイギリスがアジアで行っている植民地主義への嫌悪感が根底にありました。この頃、イギリス公使のハリー・パークスは、利権と見返りの外国からの借款とか、急激な民主化を勧めていましたが、それを諫めたのです。そして、パークスがグラントに会談を求めても、断固拒否したほどでした。

岩倉使節団が訪欧の際に、プロイセン王国の宰相ビスマルクから大久保利通らに与えられた軍事力強化のアドバイスとともに、日本が現在に至るまで感謝しなくてはならない貴重な助言だったと思います。

日清戦争でも親日的だったアメリカ

アメリカは日清戦争の頃、日本に対して好意的な姿勢で、日本にさまざまな助言を与えてくれました。その中には、「朝鮮半島の北にまで領土を要求するとヨーロッパ諸国の反発を招く」というのもありました。

案の定、ドイツ、ロシア、フランスの三国は下関条約による遼東《りようとう》半島の割譲に反対して「三国干渉」を行い、日本はこれを飲まざるを得ませんでした。しかも、ロシアは仲介の見返りに遼東半島先端部の関東州（旅順・大連）を租借するなど、戦果を横取りしました。清の方ではいったん承知したものの、それ以外の条項も批准することを渋ったのですが、これに対しては、アメリカが好意的な圧力を掛けてくれました。

結局のところ、**日清戦争で日本が学んだのは、「アメリカは友好的だが、頼りにはならない」ということでした**。これがのちの日英同盟の締結へと繋がっていきます。

この頃の大統領は、一期目のあと落選し、四年後に返り咲いた第二二および二四代大統領グローバー・クリーブランド（在職一八八五〜八九、九三〜九七年）でした。

クリーブランドは、今でいえばリベラル派で、海外進出については消極的でした。太平洋まで発展が及んでフロンティアがなくなったのなら、それでいいという考え方だったのです。ですから、ハワイの併合なども認めませんでした。

韓国では目の敵にしている桂・タフト協定

日本ではあまり知られていないのですが、韓国では怨嗟《えんさ》の的になっているのが、「**桂・タフト協定**（アグリーメント）」です。日韓の問題でアメリカが少し日本寄りの姿勢を示すと、韓国では「第二の桂・タフト密約」といって話題にする人がいます。

桂・タフト協定は、日露戦争で日本の勝利がほぼ確定した一九〇五年七月二九日に、首相兼臨時外務大臣だった桂太郎（在職一九〇一〜〇六、〇八〜一一、一二〜一三年）と、セオドア・ルーズベルト大統領の特使だったウィリアム・H・タフト陸軍長官（のちにルーズベルトの次の大統領）との会談の備忘録のようなものでした。

タフトは会談での合意をワシントンへ電報で送付しました。これを読んだルーズベルト大統領は、「タフトが語ったことをすべて自分が確認したと桂に伝えるように」という電報をタフトに送付し、タフトは八月七日に、ルーズベルトの確認がとれた旨の電報をマニラから桂に送付しました。

桂は翌日、日露戦争後の講和会議の日本側全権として、すでにポーツマスにあった小村寿太郎外相に知らせました。内容は以下の通りです。

桂太郎。第11、13、15代の首相。外交面でも手腕を発揮した（毎日新聞社）

①日本はアメリカのフィリピン領有を認めて、同地について侵略的意図を持たない、②極東の平和維持は、日本、アメリカ、イギリス三国間の合意に基づいて行われるべきである、③アメリカは朝鮮における日本の優越支配を承認する。

桂は、日露戦争の直接の原因が韓国政府の態度にあると指摘し、もし韓国政府に好きなようにさせれば、再び同じように他国と結んで日本を戦争に巻き込むだろうから、保護下に置かねばならないと主張し、**タフトは韓国が日本の保護国となることが東アジアの安定性に直接貢献することに同意しました。**

そして、セオドア・ルーズベルトが仲介した一九〇五年の**ポーツマス条約**によって、ロシアも日本の韓国に対する優越権を認めたので、**第二次日韓協約**が締結され、大韓帝国の外交権は日本に接収され、各国の公使館も漢城（ソウル）から撤退しました。

韓国の皇帝高宗《こうそう》は協約に違反し、一九〇七年にハーグで開かれた平和会議に密使を派遣するという「ハーグ密使事件」を起こし、退位させられました。外交権を失ったあと協約に反して密使を送るというのでは、独立を完全に失っても国際世論の同情はありませんでした。さらに一九〇九年、韓国の独立維持を主張していた伊藤博文が安重根《あんじゅうこん》に暗殺されたこともあり、一九一〇年八月二九日、日本は日韓併合に踏み切りました。

外国に強い圧力をかけて併合するというのは、今日的には悪いことではありますが、当時は普通に行われていました。日清戦争の結果、朝鮮を清の冊封《さくほう》関係のもとに置かれた立場から日本の主張通り独立国としたわけですから、独立を維持しつつも、日本の勢力圏に置かれることは成り行きとして当然でした。のちの第二次世界大戦のあとですら、東ヨーロッパをナチスから解放したソ連が東欧諸国を鉄のカーテンで囲ったくらいですから、当時としては非常識だったわけではありません。

しかし、**朝鮮は独立して大韓帝国となると、高宗の気まぐれでいきなりロシアと結んでしまいました。日本が怒るのも当たり前です。**その結果、起こったのが日露戦争ですから、国際世論からも、保護国化されたのも当然と受け止められたのです。

日韓併合は、韓国がこれ以上世界平和の攪乱要因になるのを恐れるアメリカなど欧米諸国から大歓迎されました。その意味では、日本は、国際的合意を得るために筋の通った賢い対応をしたというべきです。併合は申しわけないことでしたが、一九一〇年の世界を取り巻く状況では、他の選択肢はなかったという面もあるのです。

ハワイ王国の併合は日韓併合よりはるかに悪質

桂・タフト協定では、朝鮮とフィリピンを互いの勢力圏として日米で認め合ったのですが、その前に**ハワイの帰属問題**がありました。

ハワイはアメリカに併合されたわけですが、可能性としては独立国としてもやっていけたし、イギリスや日本の領土になる可能性もあったのです。

ハワイは一七七八年にイギリス人の探検家ジェームズ・クックによって発見されました。一七九五年、カメハメハ王は、イギリスの援助を受けて、ハワイ王国の建国を宣言しました。しかし、カメハメハ二世の一八二〇年以降、砂糖栽培の支配を狙ってアメリカ人が流入し、徐々に支配を強めました。

第七代国王のカラカウアは世界一周の旅行に出て、一八八一年訪日して明治天皇に対し、「日本を盟主としてのアジア人の団結」を呼びかけました。さらに、山階宮定麿王《やましなのみやさだまろおう》（のちの東伏見宮依仁親王《ひがしふしみのみやよりひとしんのう》）殿下とハワイの次期国王たる王女との結婚を持ちかけました。

それに対し、明治天皇は、「東洋諸国の連合については同じ意見です。しかし、我が国の進歩も外見のようには内実が伴わず、ことに、清国とは葛藤を生ずること多く、常に我が国を以て征略の意図ありとするのです。清国との和好すら難しいことで、日本が盟主になって西洋に対抗するというのはさらに難しい」と答えました。そして、縁談についても、のちに断ることになります。

この時に、ハワイへの日本人の移民を受け入れたいとの申し出がされ、それが**ハワイ移民のルーツ**となりました。一八八五年に初の日本人移民があり、二〇世紀の初めには、ハワイの人口の四〇％にもなりました。

しかし、アメリカ人入植者は、議会から原住民やアジア人を排除し、アメリカ本土との併合へ向かって進んでいきました。当時の外相だった井上馨《かおる》は、アメリカとの摩擦を嫌って抗議しませんでした。

アメリカ人入植者たちは、国王の追放と本土との併合を望みますが、ハト派だった民主党の第二四代クリーブランド大統領はあまり乗り気でありませんでした。しかし、一八九八年、共和党の第二五代ウィリアム・マッキンリー大統領の時に、ついに併合しました。米西戦争の最中でした。

これに対し、当時の首相だった大隈重信（在職一八九八、一九一四～一六年）は厳しく抗議し、アメリカを驚かせています。しかし、それ以上に深追いはしませんでした。

結果的に、日本とアメリカは互いにハワイと韓国の併合を黙認し合ったのですが、原住民や他民族を排斥するなど、その悪質さにおいて、アメリカのハワイ併合の方がよほど日韓併合より上であることは疑いありません。

不況でさんざんだったクリーブランド大統領（二期目）の後継者に選ばれたのが、共和党のマッキンリー（在職一八九七〜一九〇一年）でした。タカ派で、保護関税を主張しましたが、反トラストにも熱心でした。

このマッキンリーの任期が始まった翌年に起きたのが、**米西戦争**です。

フロリダ半島の沖合に浮かぶスペイン領キューバはアメリカにとって垂涎《すいぜん》の的でした。しかし、ここを併合して州にすると、奴隷制を認める州が増えるというので北部が反対していたのですが、奴隷制廃止でそれを恐れる理由もなくなりました。

その頃、キューバで暮らすアメリカ人が襲撃に遭い、アメリカでは「キューバからスペインを追い出せ」という世論が沸騰し、ハバナ港でのアメリカ軍艦爆発事件をきっかけに、キューバと、同じくスペイン領だったフィリピンの両方で戦争が始まりました。

勝負はあっさりとついてアメリカの勝利に終わりました。この結果、アメリカはフィリピンやグアムを獲得し、キューバを独立させました。そして、この戦争中に**ハワイの併合**

も決まったのです。

一九〇一年、マッキンリーが暗殺され、運命のいたずらで、四三歳にして史上最年少の大統領になったのが、第二六代大統領セオドア・ルーズベルトでした。

新渡戸稲造の『武士道』とセオドア・ルーズベルトの好意

セオドア・ルーズベルト（在職一九〇一～〇九年）は、第二次世界大戦時の大統領だったフランクリン・ルーズベルト（在職一九三三～四五年）と遠縁で、そのエレノア夫人の叔父にあたります。ニューヨークを開拓し発展させたオランダ系の名門一族の出です。ルーズベルトはハーバード大学を出たあと西部で牧場経営などをしていましたが、一八九八年の米西戦争に義勇兵として参加し、キューバで大活躍して国民的英雄となり、その勢いでニューヨーク州知事になりました。

第二五代マッキンリー大統領の副大統領になったのは、なかば、暴れん坊を閑職に追いやろうという意図もありました。副大統領にはほとんどなんの権限もなく、上院議長としての仕事が主だったからです。

ルーズベルト大統領の日本贔屓《びいき》については、新渡戸稲造《にとべいなぞう》の『武士道』に感銘したという話も有名です。しかし、それはあくまでもアメリカの国益のためのポーズであって、当時の日本の勝ちすぎに強い警戒心をいだいていたという側面を強調する人もいます。

しかしそれは両立する話で、どちらが正しいというわけではありません。尚武《しょうぶ》の人で、勇気や団結力、勤勉、進取の精神をよしとするルーズベルトにとって、日本が好ましく思えたのは当然のことだったでしょう。

いずれにしろ、ハワイからフィリピンへ進出し、南シナ海も視野に入れつつあったアメリカにとって、旅順まで手に入れたロシアは脅威でした。**日本が朝鮮半島から東シナ海を支配してロシアを抑えてくれることは、アメリカにも好ましいことでした。**

アジア進出に出遅れていたアメリカは、中国については、市場がオープンであればいいと考えていて、満州くらいまで日本の勢力圏とすることは許容範囲でした。また、義和団による一九〇〇年の「北清事変」の時に、北京で人質にされた欧米人たちを助け出した多国籍軍の主力は日本軍でした。しかも、模範的な軍規だったので、アジアの憲兵としての日本は高く評価されていたのです。

また、日露戦争においてルーズベルトは、ハーバード大学以来の旧友である福岡藩出身

セオドア・ルーズベルト。第26代アメリカ大統領（共同通信）

の金子堅太郎からの依頼を受け、ポーツマスでの講和会議にロシアを引っ張り出すために動いてくれました。

一九〇五年に講和条約が結ばれますが、日本は賠償金をとれず、これに世論は満足しませんでした。しかし、南満州まで勢力圏と認められ、南樺太までとれたのですから、客観的には十分な日本の勝利でした。

ただし、日本が南満州でどの程度の優越権を持つのか、さらに中国市場や東南アジアにどう関わりを持つのか、といったことは課題として残りました。言い方を換えれば、**今後日米が直接に競合する場面が出てくるということでした**。

このあと、ルーズベルト大統領は海軍の艦隊を世界一周旅行に出して、日本にも一九〇七年に立ち寄らせました。日本は友好の印として大歓迎したのですが、これをアメリカの示威行動ととらえる人もいます。両面があったということでしょう。

また、ルーズベルト政権は「カラープラン」といって、世界各国との戦争のシミュレーションを立案し、その中には、対日戦争についての**「オレンジ作戦」**もありました。日本だけでなくヨーロッパ諸国についてもシミュレーションしているのですから、日本も一人前として認められたといった程度のことでしたが、**アメリカが日本を将来において戦うか**

もしれない国のひとつとして意識し始めたのは事実です。

このような微妙な関係が紛争に繋がらないように、高平小五郎《たかひらこごろう》駐米大使とルート米国務長官との間で、一九〇八年、左記のような「高平・ルート協定」が結ばれて、「桂・タフト協定」を補強する形となりました。この協定は、アメリカが日韓併合や南満州経営を暗黙のうちに認めたものとされています。

一、太平洋に於ける商業の自由で平穏な発達は両国の希望である。
二、両国は侵略的傾向に走ることなく、現状維持と清国における商工業の機会均等主義を擁護する。
三、相互に一方の有する所領を尊重するのは強固なる決意を有す。
四、両国は平和手段により、清国の独立と領土保全並に列国の商工業に対する機会均等主義を支持する。
五、現状維持や機会均等主義を侵迫する事件が発生したときは、両国はその処置について協力するために話合う。

■アメリカの変遷

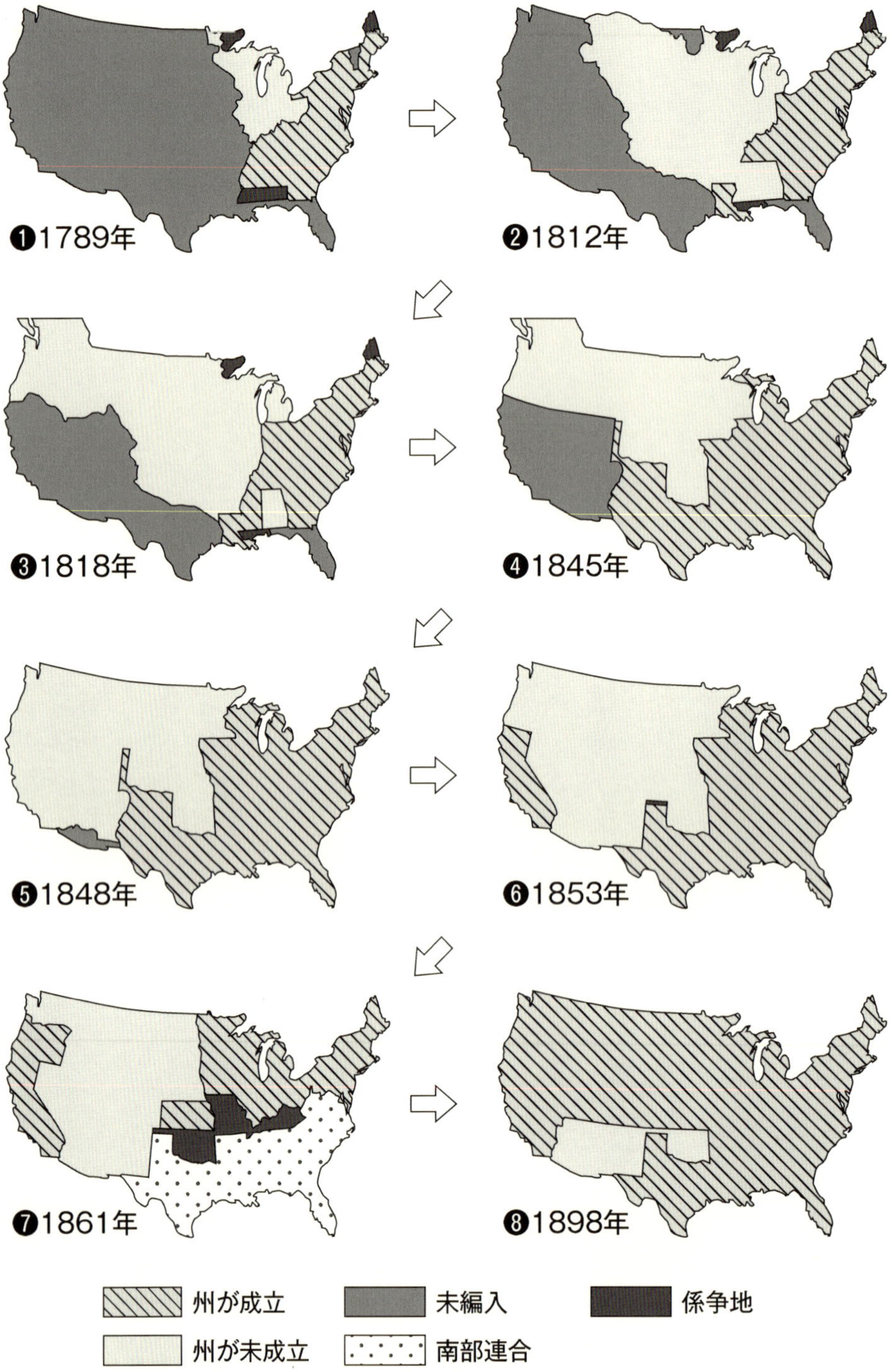

※アラスカは1867年併合、ハワイは1898年併合

第三章

第一次世界大戦から満州事変まで

日米関係歴史年表〈3〉

※◯で囲んだ数字は、その出来事が起きた月を表す

西暦	元号	主な出来事
1906	明治39	①西園寺内閣が成立⑩サンフランシスコ学童事件⑪満鉄創立
1908	明治41	②日米紳士協定⑦桂内閣が成立⑩米艦隊来日⑪高平・ルート協定
1909	明治42	③タフトが大統領就任
1910	明治43	⑧日韓併合が成される
1911	明治44	⑧西園寺内閣が成立⑩辛亥革命⑪日米新通商航海条約
1912	明治45 大正元	①中華民国建国⑫桂内閣が成立
1913	大正2	②山本内閣が成立③ウィルソンが大統領就任 ⑤カリフォルニアで第一次排日土地法
1914	大正3	④大隈内閣が成立⑦第一次世界大戦⑧日本がドイツに宣戦布告 ⑪青島占領
1915	大正4	①対華21か条を中国に要求
1916	大正5	⑩寺内内閣が成立
1917	大正6	③ロシア二月革命④アメリカ参戦 ⑪石井・ランシング協定。ロシア10月革命
1918	大正7	⑧シベリア出兵⑨原内閣が成立
1919	大正8	①パリ講和会議③朝鮮で3・1運動⑤中国で5・4運動 ⑥ベルサイユ条約
1920	大正9	①国際連盟発足③米議会批准否決 ⑪カリフォルニアの第二次排日土地法
1921	大正10	③ハーディングが大統領就任 ⑪ワシントン会議。原首相暗殺。高橋内閣が成立⑫四カ国条約調印
1922	大正11	②海軍軍縮条約調印⑥加藤内閣が成立
1923	大正12	⑧クーリッジが大統領就任⑨山本内閣が成立
1924	大正13	①清浦内閣が成立⑤排日移民法成立 ⑥加藤内閣が成立。幣原が外相就任
1926	大正15 昭和元	①若槻内閣が成立⑦蒋介石が北伐開始
1927	昭和2	③金融恐慌④田中義一内閣が成立⑤第一次山東出兵
1928	昭和3	④第二次山東出兵⑤済南事件⑥張作霖爆殺事件⑧パリ不戦条約
1929	昭和4	③フーバーが大統領就任⑦浜口内閣が成立⑩世界大恐慌
1930	昭和5	④ロンドン軍縮条約⑪浜口首相襲撃
1931	昭和6	④若槻内閣が成立⑨満州事変⑫犬養内閣が成立
1932	昭和7	①錦州占領③満州国建国⑤5・15事件。斎藤内閣が成立 ⑨満州国承認

日本人排斥問題で悪化した日本の対米感情

「日本が日露戦争に勝って調子に乗りすぎたので、アメリカが警戒し始めた」といった説をよく見かけます。しかし、これは単純すぎます。もちろんそれもひとつの要因ですが、大正時代になって、中国での辛亥《しんがい》革命とアジア諸民族の覚醒、第一次世界大戦（一九一四～一八年）、アメリカの国力充実と日本移民排斥、日本での政党内閣の確立と薩長閥の衰退など、**いろんな動きが複合的に影響し合って日米の蜜月期間に暗雲が立ち込め始めた、**というのが正しい見方だと思います。

まず、日本の国民感情がアメリカから離れるきっかけになったのが、**日本人排斥問題**でした。その前史ともいえるのが、中国人排斥です。アメリカは日本の幕末の頃、大陸横断鉄道を建設していましたが、それを支えたのは中国人労働者でした。しかし、勤勉で、なおかつ劣悪な生活条件を受け入れる中国人労働者は、白人労働者から強い反発を受けました。一八八二年、第二一代チェスター・A・アーサー大統領（在職一八八一～八五年）が「中国人排斥法」に署名し、中国人のアメリカへの移住が禁止されたのです。

独立国だった頃のハワイへの日本人移民は、明治初めから盛んでした。そのハワイがアメリカに併合され、ハワイから移っていったのと、また本土で中国人が排斥されたことで、カリフォルニアなどで日本人移民が増えました。日本人も中国人ほどではありませんでしたが、白人労働者から目の敵にされました。

排斥への具体的な動きは、日露戦争直後の一九〇六年に、サンフランシスコ市が日本人学童を公立学校から追い出し、中国人などのための東洋人学校に移したことでした。セオドア・ルーズベルト大統領はこの措置に怒り、翌年に撤回させましたが、そのかわり、日本人がハワイ経由でアメリカ本土に移民することが禁止されました。

こうした制限は、日本人としてのプライドを傷つけられるものでした。とはいえ、朝鮮や台湾、満州などへの進出に伴う移住が進んでおり、実害はそれほどなかったので、一九〇八年に林董《ただす》外務大臣とオブライエン駐日大使との間で**「日米紳士協定」**が締結され、日本側が移住を自主規制することになりました。

しかし、一九一三年、カリフォルニア州で**「外国人土地法」**（排日土地法）が成立して、日本人を狙い撃ちに土地所有が禁止され、さらに、アメリカ生まれで米国籍を持つ二世を抜け道にしての所有も規制されることになりました。

そして、一九二四年、**「排日移民法」**が施行され、南欧やユダヤ人も含む東欧からの移民が制限されるとともに、日本からの移民が全面的に禁止されてしまったのです。その過程で、駐米大使埴原正直《はにはらまさなお》が国務長官ヒューズに送った書簡にあった「両国関係に重大なる結果を招く」という言葉が議会で槍玉に挙げられ、これはアメリカへの恫喝であるというプロパガンダを引き起こすという事件もありました。

こうした日本人移民の制限は、地方自治体や議会の外交的配慮を欠いた暴走によるものでした。日米関係ではよくあることです。

いずれにしろ、**日本移民の制限が、日本人の対米感情を急速に悪化させた**ことは間違いなく、「カリフォルニア移民拒否は日本国民を憤慨させるに充分なものである。（中略）かかる国民的憤慨を背景として一度、軍が立ち上がった時にこれを抑えることは容易な業ではなかった」（『昭和天皇独白録』より、発言を現代語訳）とのちに昭和天皇が語るほどのインパクトがあったのです。日本にとって実害はあまりなかったのですが、国民の対米感情を非常に悪化させ、政治家やジャーナリズムが親米であることを難しくした事件でした。

また、こうしたアメリカの移民制限やオーストラリアの白豪主義が、日本人や中国人を満州のような限られたフロンティアに殺到させ、それが**日中戦争のひとつの遠因**となったという指摘も可能だと思います。

辛亥革命とシスター・カントリー中国

辛亥革命（一九一一～一二年）も日米両国の関係に大きな影響を与えました。もともと、アメリカからすればペリーが開国させ、アメリカにおおいに見習って文明開化を進めた日本は好ましく、「中体西用」などといって、制度や技術は必要に応じて西洋から採り入れるものの、基本的な思想は不変だという中国は可愛くない存在でした。

ところが、辛亥革命によって中国が専制体制から共和国になったことで、まだまだ遅れているとはいえ、けなげに頑張っている中国を助けてやりたいという気持ちがアメリカにはありました。また、キリスト教の布教が進まなかった日本に比べて、中国では多くの信者を獲得したことも、宣教師たちを通じて中国の好感度を増しました。やがて、中国のことを「シスター・カントリー（姉妹国）」だという意識も生まれたのです。

辛亥革命の結果、満州民族が支配する満・漢・蒙の連合国家たる大清帝国を、漢民族が支配する中華民国が引き継ぐことになりました。

もともと、革命の主導者の**孫文**らは、満州人の支配から脱したいということで日本人にも援助を請い、実際にそれを受けてもいました。したがって、革命の本義からすれば、漢人の国を建てるとともに、満州人は満州に帰り、モンゴルやチベットなどもそれぞれの故地で独立するというのが筋のはずでした。

ところが、大清帝国の内閣総理大臣だった漢人の軍人の**袁世凱**《えんせいがい》が裏取引で、満州人やモンゴル人の貴族の待遇を保証すること、清朝皇帝・溥儀《ふぎ》が紫禁城に住み続けること、歴代の御陵を守ること、自身の大総統就任などを条件に、清の領土をそのままの形で中華民国に移管してしまいました。

袁世凱は、孫文から辛亥革命で成立した中華民国を奪い取った悪玉として扱われることも多いのですが、彼なくして大清帝国の広大な領土が、すんなりと中華民国に移行することはなかったでしょう。

さらに袁世凱は、外国の利権の回収にかかりました。もっとも、イギリスなどの中国を半植民地扱いする権益と、日本やロシアのような隣接国の権益とでは性格が違います。カリブ海諸国などと同じような関係にあるアメリカもそのことは理解していたのですが、やはり思惑に差が出てきます。これに対抗すべく、**日本は利害が共通する革命前のロシアと接近しますが、これがアメリカからすると気に入らないということになりました。**

また、南満州鉄道（満鉄）にアメリカの鉄道王ハリマンが資本参加するというような話もありました。これについて多くの人がそれを認めておけば日米戦争はなかったのでないかともいいますが、アメリカ人がみなハリマンを支持していたわけでもありませんし、日本人移民の排除のような事件もありました。アメリカも中南米やフィリピンを囲い込んでいたのですから、何もかも日本が譲ってばかりでは馬鹿馬鹿しいというのが普通の考え方だったと思います。

第一次世界大戦とパリ講和会議

第一次世界大戦の時の大統領は、第二八代の**ウッドロー・ウィルソン**（在職一九一三～二一年）です。国際連盟を創った人物です。その前が第二七代のウィリアム・H・タフト（在職一九〇九～一三年）でした。セオドア・ルーズベルト大統領のもとで陸軍長官を務め、「桂・タフト協定」の一方の当事者でした。

タフトはもともと有能な法律家で、彼なら安心して任せられるというので、ルーズベルトから後継者指名を受けて大統領になりました。タフトはルーズベルトの**「砲艦外交」**に代わる**「ドル外交」**を展開したといわれます。借款などを通じて、アメリカの力を拡張し

ウッドロー・ウィルソン。第28代アメリカ大統領（共同通信）

ようというものでした。

中南米ではそれなりに成功したのですが、極東では日本やヨーロッパ諸国にとっては迷惑なものでした。戦争で勝ったわけでもないのに、金の力で実を取ろうとするやり方には感情的反発がありました。中国に借款を与えて、満州の鉄道を中立化する提案などは、とうてい日本やロシアにとって感情的に飲めないものでした。

国内では法人税や所得税の創設、関税の引き下げ、反トラスト法の運用強化などの合理的な政策をしましたが、根回し不足で反発が強まりました。前任者のルーズベルトの面子をあまり立てなかったこともあって、ルーズベルトは一九一二年の大統領選挙に進歩党から自ら立候補し、ウィルソンが漁夫の利を得て、第二八代大統領になりました。

結局、日米関係におけるタフトの目立った成果といえば、ポトマック川のほとりを公園にして、そこに東京市長・尾崎行雄から贈られた桜を植えたことくらいでした。

ウィルソンは、南部のバージニア州出身で、政治学者、プリンストン大学の総長を経て、ニュージャージー州知事を務めていました。

美しい理想を掲げるのはいいのですが、偏屈で政治的な幅がありませんでした。日本との外交でも円滑さを欠きました。彼自身が提唱した国際連盟にアメリカが参加できなかったのも、第一次世界大戦後の**パリ講和会議**（一九一九年）に、野党共和党の政治家を連れて行かなかったといった配慮のなさのツケだといわれています。

この頃の首相・**原敬**《たかし》（在職一九一八〜二一年）は、かつてフランスに外交官として駐在していましたが、アメリカへ旅行して以来、すっかり親米的になっていました。また当時の駐アメリカ大使は、戦後に首相を務める**幣原喜重郎**《しではらきじゅうろう》（在職一九四五〜四六年）で、非常に親米的な布陣でした。しかしウィルソンは観念的な理想論をふりまわすだけで、日本が苦労しつつも対米協調を進めようとしている姿勢を受け止めませんでした。

これは、**日米外交史の中で、非常に残念なアメリカ側の失敗**だったといえるでしょう。ウィルソンは、原敬が政党政治の実現に向けて必死に戦っていることを理解していたらと悔やまれます。

さて、第一次世界大戦では、当初、日本は参戦をためらっていましたが、やがて日英同盟を結んでいるイギリスの側で参戦し、ドイツの租借地だった青島《チンタオ》など山東省や、ドイツ植民地だった太平洋の諸島のうちミクロネシアを占領しました。

そして、大隈内閣は、中国に対して**「対華二一か条」**を突きつけ、ドイツからの権益継承を認めさせるとともに、中国の内政に干渉するような要求をしました。このことが、**中**

国における「反日」の原点となり、同時にウィルソン大統領の対日感情も傷つけました。

大隈内閣を引き継いだ寺内正毅内閣（在職一九一六～一八年）は、アメリカとの関係修復を試みます。その結果、一九一七年一一月に結ばれたのが、「石井・ランシング協定」です。内容は、アメリカは日本の中国における特殊権益（二一か条の要求で得た山東省での権益のこと）を認め、日本は中国の領土保全と門戸開放などアメリカの主張する原則を認める、というものでした。

ウィルソン大統領は日本の要求に好意的ではありませんでしたが、当面している戦争への日本の協力を得るために妥協しました。

ロシア革命後のソ連政権に対抗するために、英仏は日本のシベリア派兵を望みましたが、ウィルソンは、日本がシベリアに野心を持つのを警戒して同意しませんでした。

しかし、チェコ兵（ロシアがオーストリア兵捕虜のうち同じスラブ系のチェコ人を集めて結成した部隊）がシベリア各地で孤立したのを救援する名目で、アメリカは一転して日本とともにシベリアへ派兵しました。しかし、のちにアメリカは単独で撤兵し、一方で日本が残留していることを非難しました。日本は、現実性を欠き、しかもご都合主義のウィルソンに振り回された格好でした。

アメリカはウィルソンが再選された後の一九一七年になって、**第一次世界大戦**に参戦しました。英仏が勝たないと、保有していた英仏の債権回収に支障をきたすのを恐れたのが理由といわれています。

パリ講和会議では、アメリカはウィルソン大統領が参加し、フランスのジョルジュ・クレマンソー首相、イギリスのロイド・ジョージ首相とともに三巨頭といわれました。日本からは原敬首相に代わって**西園寺公望**《さいおんじきんもち》が全権代表として派遣され、それを補佐したのが大久保利通の次男で元外相の牧野伸顕《まきののぶあき》です。さらに、近衛文麿《このえふみまろ》や吉田茂、芦田均《あしだひとし》も参加するという重量級の代表団でした。

ここで、中国は日本のドイツ利権継承に反対しましたが、フランス代表のクレマンソーが西園寺の留学当時の友人という幸運もあって日本のいい分が通り、中国代表団は調印せずに帰国してしまいました。

アメリカは中国に同情的でしたが、ウィルソン大統領が提唱した国際連盟に日本の参加を促すためにも、それほど強い圧力はかけませんでした。

一方、講和会議で日本側から**「人種平等の原則」**が提案され、これには、理想主義的なウィルソン周辺も好意的な反応を示しました。しかし、白豪主義で人種差別をしていたオ

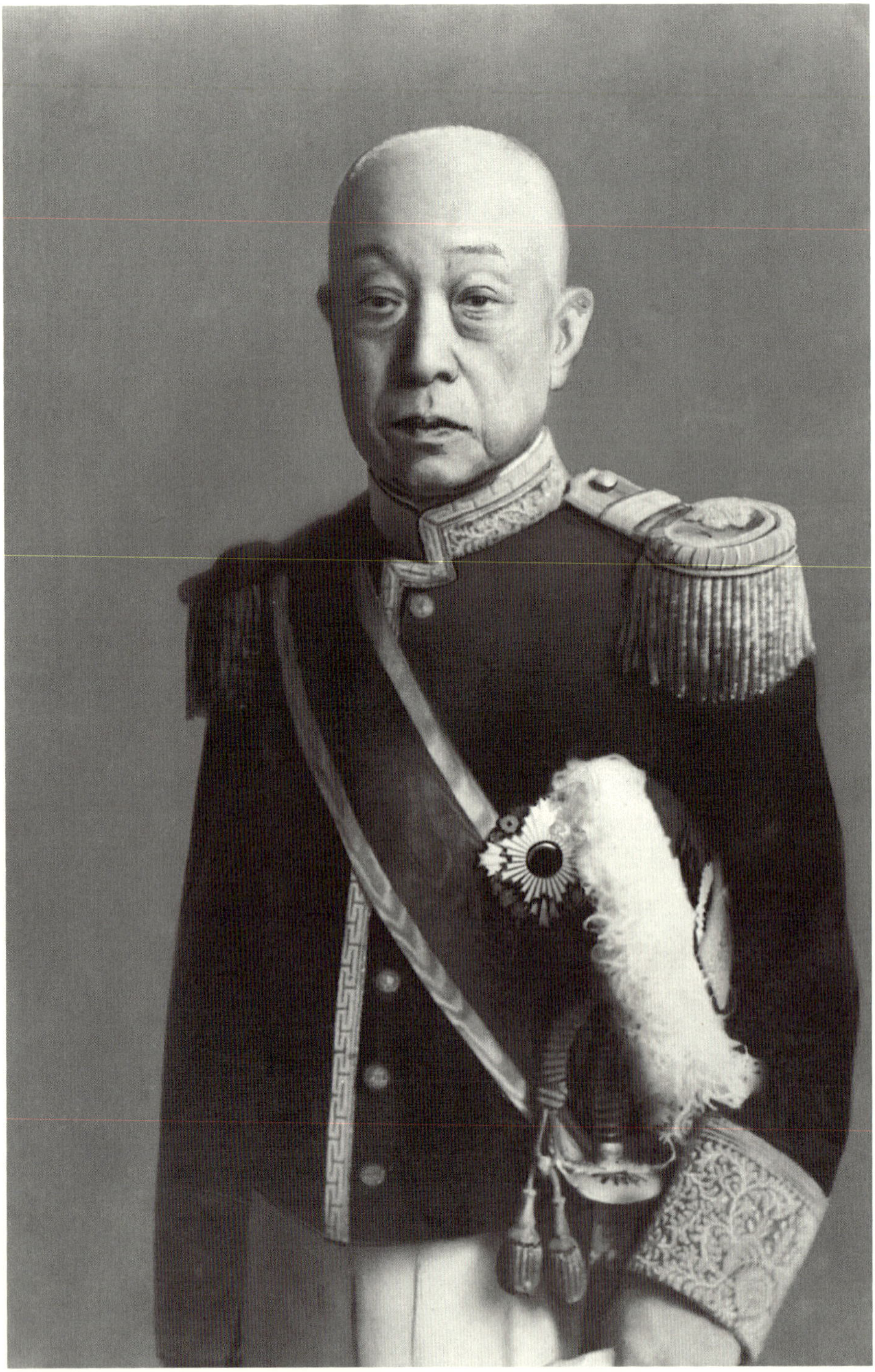

西園寺公望。第12、14代首相。立憲政友会総裁(毎日新聞社)

ーストラリアと、その宗主国であるイギリスが猛反対しました。さらに、アメリカも国内に移民問題などの火種を抱えており、上院が反対決議をしました。

理想主義的だったが役に立たなかったワシントン体制

病気で心身ともに精彩を欠いたウィルソン大統領と民主党への信頼は地に落ち、パリ講和会議の翌年の一九二〇年の大統領選挙では、新聞経営者でハンサムな共和党の上院議員のウォーレン・G・ハーディング（在職一九二一～二三年）が第二九代大統領に当選しました。「常態に帰れ」「アメリカこそ第一（アメリカ・ファースト）」というスローガンが国民に受けました。全州で女性の投票が認められた最初の大統領選挙でした。

ハーディング大統領は、最高税率七〇％まで上がっていた所得税の減税をするかわりに関税を引き上げましたが、これが世界経済に大きな悪影響を与えました。

また、国際軍縮会議を提唱し、ワシントンに計九カ国の代表が集まりました（ワシントン会議。一九二一～二二年）。アメリカの国内事情としては、軍縮によって財政再建をはかろうとしたのですが、日本の原敬内閣はこれを前向きに受け止め、全権として派遣された加藤友三郎海相も、現役の軍人でありながら軍縮に協力的でした。

ワシントン会議では海軍軍備制限条約、九カ国条約、四カ国条約の三条約が成立しました。これらの成果を基礎として樹立された国際秩序のことを「ワシントン体制」と呼びます。**海軍軍備制限条約**では、主力艦の保有量を、アメリカ・イギリス・日本・フランス・イタリアで、五：五：三：一・六七：一・六七の割り当てとされました。

また、**九カ国条約**では、中国の主権尊重・領土保全の原則を承認し、日本は山東における特殊権益を放棄して中国に返還し、「石井・ランシング協定」が破棄されました。

そして、**四カ国条約**によって、アメリカ・イギリス・日本・フランスは太平洋諸島の原状維持を決め、日英同盟は破棄され、この条約が安全保障の基礎となりました。

日英同盟が破棄された背景には、アメリカの要求だけでなく、カナダが、日英同盟の発動で日本とアメリカの戦争に巻き込まれるのを恐れたということもありました。

しかしこの頃、ハーディング大統領が友人たちに利権をばらまいたことが発覚して大スキャンダルになりました。その批判の嵐の中、大統領は全国遊説に出て、アラスカからの帰途、「カニの缶詰の食中毒」で倒れ、サンフランシスコで亡くなりました。

そのあとは、副大統領のカルビン・クーリッジ（在職一九二三～二九年）が昇格して任期の残りを務め、さらに再選されました。バーモント州出身のピューリタンで、マサチューセッツ州で弁護士、市長、下院議員、上院議員、知事を務めました。

普段は寡黙でしたが、メディア戦略に巧みで、ラジオで演説した最初の大統領でした。任期中に五二九回の記者会見を開き、ホワイトハウスの庭で映画撮影にも応じました。

小さな政府を徹底し、第一次世界大戦で増えた政府債務は、一九二一年の二六〇億ドルから一九三〇年には一六〇億ドルまで減りました。このため、ロナルド・W・レーガン大統領（在職一九八一～八九年）の時代に再評価されました。

当時は、ラジオ放送が開始され、ヘンリー・フォードが自動車を大衆の乗り物とし、ジャズ、野球、フットボールに人気が集まった時代です。映画は、女性に働くことや恋愛することを教えました。ただし、ウィルソン大統領末期に禁酒法ができ、アル・カポネのようなギャングが横行しました。

アメリカ製品が世界を席巻し、第一次世界大戦の賠償も、アメリカがドイツに融資し、ドイツは英仏に賠償を払い、英仏はアメリカに債務を償還しました。メキシコとの長年の対立が終わり、中南米との関係も良好でした。一九二八年にはフランスとアメリカの提唱で**「パリ不戦条約」**が結ばれ、日本の憲法第九条の出発点になりました。

アメリカはもうこのままでいたかったので、**「移民制限法」**で移民を年間一五万人とし、WASP（ホワイト・アングロサクソン・プロテスタント）の優位を固定するために、南欧や東欧からの移民は抑制され、**東洋からの移民は締め出されました**。

クーリッジは副大統領からの昇格なので、三選目を目指すと思われていましたが引退を表明しました。共和党が次の大統領候補にしたのは、アイオワ州生まれの元鉱山技師で、実業界で活躍したあと商務長官として辣腕を振るったフーバーでした。

第三一代フーバー大統領（在職一九二九～三三年）は、経済政策にも見識はあったのですが、就任した年の一〇月に**未曾有の世界大恐慌**に遭遇します。フーバーは、財政悪化を恐れての消極策や関税の引き上げを行ったことで、国内需要不足の深刻化や世界的な報復措置の連鎖反応を招きました。また、不良金融機関の破綻を放置したことで金融恐慌を拡大させました。

引退後のフーバー大統領は、第二次世界大戦において対独融和策を唱え、独ソの戦いではソ連を助ける必要はないと主張しました。日米戦についても、ルーズベルト大統領の方に責任があると指摘しましたが、それはまたあとで触れます。

フーバーは、戦後の一九四六年に来日して日本の食糧事情の改善を訴え、アメリカ政府

による占領地援助のための「ガリオア資金」による救援を実現した恩人です。アメリカでも、第三三代トルーマン大統領から行政改革のための「フーバー委員会」を主宰することを依頼され、その成果はたいへん高く評価され、おおいに名誉を回復しました。

幣原の軟弱外交と張作霖爆殺事件

アメリカでハーディング、クーリッジ、フーバーと共和党の大統領が出ていた一二年間（一九二一〜三三年）のうち、そのかなりの期間、日本ではかつて駐米大使だった幣原喜重郎《しではらきじゅうろう》が憲政党（のちに立憲民政党）内閣の外相でした。

当時の日本は、加藤高明内閣（在職一九二四〜二六年）、若槻礼次郎内閣（在職一九二六〜二七）、田中義一内閣（在職一九二七〜二九年。田中が外相を兼任）、浜口雄幸《はまぐちおさち》内閣（在職一九二九〜三一年）、第二次若槻内閣（在職一九三一年）の時代です。田中義一内閣を除き、憲政会（のちに立憲民政党）が政権を握っていました。

幣原外交は対英米協調を貫き、一方で中国に対しては、条約で認められた権益の防衛のためには譲らないが、それ以外については柔軟な姿勢を見せました。

アメリカ国務省では親日派と親中派の対立がありましたが、幣原外交は好感をもって迎えられました。しかし中国については、融和的姿勢はむしろ日本の弱腰と見られ、幣原の善意は報われませんでしたので、幣原外交は「軟弱外交」と呼ばれたりしました。

アメリカは原則論としては中国の主張を支持しつつ、日本の権益は尊重すると留保していましたが、中国は、この留保を無視してアメリカの支持を得ているかのようにして日本の権益を攻撃しました。そのため、**中国のバックにアメリカがついているような印象を日本人に与え、**日本の反米感情に火をつけました。

ところが、いったん政友会に政権が戻り、長州出身の軍人で政友会総裁に迎えられた田中義一が首相になりましたが、一九二八年に**「張作霖《ちょうさくりん》爆殺事件」**が起きました。

中国では、辛亥革命のあと、孫文の国民党は政権を担う力がなく、清朝の漢人官僚だった袁世凱が総統になり、北洋政権が成立しました。袁世凱は自ら皇帝になろうとして中華帝国を建国しますが、支持が集まらずに失敗し、失意のうちに死去しました。

そののち、北洋政権では段祺瑞《だんきずい》や呉佩孚《ごはいふ》などが代わる代わる政権につきましたが、安定せず私闘が続き、地方には軍閥の自治政府が乱立しました。その中で、奉天を根城にしていた軍閥の張作霖が北京に介入して、政権を一時的に掌握したのです。

張作霖は漢人で、日露戦争の時にロシアのスパイをして日本軍につかまっています。しかし、陸軍大将だった児玉源太郎は彼に見所があるとして救い、田中義一に預け、日本軍の協力勢力の指導者になりました。やがて力をつけて自立し、日本にとっても手に負えない存在になり、ついには北京の支配者にまでなったのです。

一九二六年、北洋政権の不振を見て、蒋介石は共産党の協力も得て（つまりソ連も支援しました）、「北伐」を開始しました。中国に進出していた各国は自国民の安全や権益を守ろうとしましたが、日本も、居留民が襲撃、虐殺される事件が頻発したので、一九二八年、出兵して山東省の交通の要衝である済南で蒋介石の国民政府軍と衝突しました。

こうした経緯の中で、**アメリカは他の国ほど中国に利権を持っていなかったので、相対的に国民政府に親近感を持っていました。**

一方、国民政府軍が北京に近づくと、張作霖は奉天に退いて態勢を立て直そうとしました。しかし、関東軍はこれを歓迎しませんでした。田中義一首相は、もともと自分の子分だった張作霖を話せる相手と評価し、張作霖と組んで日本の権益を守ろうとしましたが、関東軍は、これ以上張作霖の個人的利益のために振り回されたくなかったのです。

そこで、関東軍の河本大作大佐らが、張作霖の乗った列車を爆破して殺してしまいます。田中首相は、厳罰派でしたが、その後、正直に日本軍の犯行であることを認めると情勢の混乱が深まるという考えに傾いたので、昭和天皇は田中が考えを変えたことを厳しく叱責され、田中は辞職後まもなく死亡します。自殺という人もいますが、天皇からの叱責のショックのあまりの死であったことは間違いありません。**昭和天皇もこのことを後悔され、以後、積極的な政治介入を控えられるようになりました。**

満州事変とワシントン体制の終焉

政友会政権は倒れ、立憲民政党の浜口雄幸内閣になって幣原喜重郎が外相に復帰しますが、ロンドン軍縮会議で補助艦削減受け入れ問題が起きました。海軍の艦隊派といわれる勢力の反発を招き、これを、政友会の鳩山一郎らが政治的思惑で**「統帥権干犯《とうすいけんかんぱん》」**だとして煽り立てました。軍人の政治介入を政党人が積極的に後押ししたのです。

一九三〇年、浜口首相が東京駅でテロに遭い、この傷がもとで死んだあとの第二次若槻内閣の時に**「満州事変」**が起きました。一九三一年九月、「アメリカと日本の最終戦争」などという物騒な意図を持つ石原完爾《かんじ》らの関東軍が、南満州鉄道の線路を爆破し、林銑《せん》十郎《じゅうろう》朝鮮軍司令官（のち首相。在職一九三七年）が朝鮮派遣軍を命令なしに越境させて、満州国を建国した事件です。ハト派のはずの若槻首相も、「やってしまったものは仕方ない」と、これを追認してしまいました。

幣原はアメリカとなんとか折り合いをつけようとしますが、幣原がアメリカに対して与えた内々の言質《げんち》をアメリカのヘンリー・スティムソン国務長官が漏らしてしまい、日本国内では幣原の機密漏洩事件として非難されることになりました。一九三一年一二月、第二次若槻内閣は倒れ、満身創痍《まんしんそうい》のうちに幣原外交は終わりを告げました。

事件の翌年一月、国際連盟から**リットン調査団**が満州に派遣されました。調査団は、満州国が自主的な独立運動でなく、日本軍の主導によって建国されたものと批判しました。また、その一方で、日本の権益を尊重しない中国も批判し、独立の取り消しと広汎な自治の実現を目指す、という玉虫色の報告をしました。

日本がこれを拒否し、一九三三年に**国際連盟を脱退**したことで、日本が国際社会から決定的に孤立したと思っている人が多いのですが、これは少し違います。脱退したのは、加盟していると制裁を受けてしまうという事情もありました。それ以降も、南洋諸島における日本の国際連盟からの委任統治は継続されました。松岡洋右《ようすけ》が昭和天皇の大不興を被っ

たのは**日独伊三国同盟**を結んだ時で、それと少し混同があると思います

そして満州国での国づくりは、めざましく成功していきました。その経済建設のシナリオを描いたのが、総務庁次長として取り仕切った商工官僚の**岸信介**《きしのぶすけ》でした。

しかし、結果的には、この**満州国の成功がのちの日本を誤らせてしまいました**。石原完爾らは、満州だけを確保して万里の長城を中国との境界線にしようとしたのですが、命令違反をあえてしたのに石原らが英雄になったのを見た後輩たちは同じことを夢見たのです。超法規行動をいったん認めると、どうしてもこういう事態を招いてしまうのです。

第四章

日華事変から太平洋戦争へ

日米関係歴史年表〈4〉

※○で囲んだ数字は、その出来事が起きた月を表す

西暦	元号	主な出来事
1933	昭和8	②国際連盟脱退③ルーズベルト大統領就任⑤塘沽停戦協定
1934	昭和9	⑦岡田内閣が成立⑫ワシントン軍縮条約離脱
1935	昭和10	⑧アメリカ中立法が成立する
1936	昭和11	②2·26事件③広田内閣が成立⑪日独防共協定⑫西安事件
1937	昭和12	②林内閣が成立⑥近衛内閣が成立⑦盧溝橋事件⑧上海事変 ⑩ルーズベルトの隔離演説⑫南京事件
1938	昭和13	①蒋介石相手にせす⑨ミュンヘン会談⑪東亜新秩序
1939	昭和14	①平沼内閣が成立⑤ノモンハン事件 ⑦有田·クレーギー協定。アメリカが通商航海条約を破棄 ⑧独ソ不可侵条約。安部内閣が成立⑨第二次世界大戦
1940	昭和15	①米内内閣が成立③汪兆銘の南京政府⑦近衛内閣が成立 ⑨仏印進駐。日独伊三国同盟
1941	昭和16	④日ソ中立条約⑥独ソ戦開始 ⑦在米日本資産を凍結。南部仏印進駐 ⑧対日石油禁輸。大西洋憲章⑩東条内閣が成立 ⑪ハル·ノート⑫真珠湾攻撃
1942	昭和17	⑥ミッドウェー海戦で日本敗れる
1943	昭和18	⑪大東亜会議。カイロ会談。テヘラン会談
1944	昭和19	⑦サイパン陥落、本土爆撃可能に。小磯内閣が成立

日華事変とフランクリン・ルーズベルトの登場

フランクリン・デラノ・ルーズベルトの母親の実家であるデラノ家は、中国貿易で財を成した一族です。父親が早く死に、圧倒的な母親の影響下で育った**ルーズベルトが中国贔屓だったことは、日本にとっては不運でした**。

ルーズベルトは、「私は中国にこれ以上ないほど深い同情をしてきた」と語り、満州国不承認を確認しました。日本が国際連盟を脱退したのは、ルーズベルトが大統領に当選してから就任するまでの間の出来事でした。しかし、この頃のアメリカの世論は海外での戦争に巻き込まれるのを極端に恐れていました。

一九三五年、アメリカで**「中立法」**が成立し、大統領が戦争状態にある国と認めた時、その国に武器や軍需品を輸出できないことになりました。

その影響でアメリカは日本に抗議しつつも厳しい制裁はできず、日本がほどほどのところで止まってくれることを希望していました。

日本は、中国と**「塘沽《たんく》停戦協定」**を結び、とりあえず国民政府とは小康状態だったのですが、反日運動で日本人が襲われることも多く、陸軍の一部は緩衝地帯を設けようと動き、それを政府も軍中枢部も抑えられませんでした。

そして、一九三六年には共産党の本拠地であった延安に近い西安にありながらサボタージュをしていた張学良《ちょうがくりょう》に、共産軍との戦いをするように催促に行った蒋介石が張学良に幽閉され、蒋介石は脅されて抗日戦に取り組まざるを得なくなりました。

この年、アメリカではルーズベルトが再選され、日本では翌一九三七年に近衛内閣（在職一九三七〜三九、四〇〜四一年）が成立しました。そして、同年、中国で**「盧溝橋《ろこうきょう》事件」**が起きます。北京西方の盧溝橋で、日本軍と中国国民革命軍が衝突した事件です。最初の銃声がどちらのものかは不明です。しかし、これを機に日本軍は華北へ進出し、さらに南京を陥落させました。

日本は、これで蒋介石も和平に傾くと思ったのですが、蒋介石は重慶に移って抵抗を続けました。黄河を決壊までさせての徹底した抗戦です。どれだけ犠牲者が出ても譲らないという姿勢を読めなかったのです。

こうした中で、近衛首相は日本の大陸政策をまとめた**「東亜新秩序」**を唱えました。それまでの日本政府は、門戸開放と多国間の協力による平和維持を目指す「ワシントン体制」を否定しなかったのですが、東亜新秩序という概念は挑発的でした。

イギリスなどは、新しい東洋の現実に理解を示すところもありましたが、アメリカは強い拒否感を示しました。一九三七年一〇月、ルーズベルトがシカゴで行った「隔離演説」では、日独伊の動きを「世界的無法という伝染病」に例えて、世界平和の維持のため、その「隔離」をするように主張しましたが、あわせてアメリカの中立維持も主張し、全面的な経済制裁はしませんでした。

この段階でもアメリカの世論は、ヨーロッパについても、アジアにおいても戦争に巻き込まれるのを警戒していました。当時の中国国民政府の腐敗や残虐性もひどかったので、日本の動きをやむなしと理解を示す理由はいくらでもあったのです。

三国同盟を結んだ日本に正当性なし

ヨーロッパで、ドイツがポーランドに侵入して第二次世界大戦が始まった時の日本の首相は阿部信行（在職一九三九~四〇年）でした。

ルーズベルト大統領は、一刻も早いヨーロッパ戦線での参戦を望みました。そのためにあらゆる努力をしましたが、その中で**日本を厳しく追い詰めて日本が戦わざるを得ない状**

況をつくり、それを梃子《てこ》にドイツやイタリアと戦うという作戦を採ったのです。

戦後の一九四六年に東京でダグラス・マッカーサーと会談したフーバー元大統領が、**「太平洋戦争は、対独戦に参戦する口実を欲しがっていた『狂気の男』の願望だった」**「在米日本資産の凍結などの経済制裁は、対独戦に参戦するため、日本を破滅的な戦争に引きずり込もうとしたものだ」と語ったという話がありますが、そのような要素はあったと思います。

一九四〇年の三月、日本の軍事力を背景に、重慶の蔣介石政権に対抗して、南京に汪《おう》兆銘《ちょうめい》政権ができます。近衛首相が「蔣介石を相手にせず」といって以来、重慶の国民政府とは対話ができていませんでしたから、汪兆銘を引っ張り出したことはひとつの考え方ではありました。

ただ、日本は、戦勝国気分で汪兆銘政権に勝手気ままな要求を飲ませました。各部局の要求を安直に並べたてたもので、全体のバランスとしてひどく過酷なものになったのは、「対華二一か条」の時と同様でした。したがって、汪兆銘政権が中国の民心をつかむのは非常に難しく、無駄な工作に終わりました。

そして、九月には**日独伊三国同盟**が結ばれました。松岡洋右外相は、ソ連も加盟させて四国同盟にして交渉力を高め、アメリカの参戦を阻止しようと考えたのですが、机上の空論でした。

ともかく、第一次世界大戦では、英仏米という先進民主主義諸国による連合国の一員だった日本が、よりによって、当時のドイツやイタリアのような異端的なきわもの国家や共産主義のソ連と組むなど、狂気の沙汰でした。

陸軍に東条英機に代表されるドイツ留学組がのさばっていたのも一因です。東条は駐在武官だったドイツで、「ドイツが第一次世界大戦に負けたのは労働組合が暴動を起こしたせいである」と習って帰ってきたのですから、何をかいわんやです。

日本陸軍がその初期にドイツに倣ったのは、ドイツが普仏戦争に勝利したからです。しかし、**その後の第一次世界大戦の敗戦に学んで、ドイツ崇拝を放棄すべきでした。**

いずれにせよ、少なくともこの三国同盟がなければ、ルーズベルトが日本との戦争をきっかけにドイツとも戦うといった作戦をたてようもなかったわけで、その意味でも大失策でした。しかも翌一九四一年四月には**日ソ中立条約**を結んだのですが、六月には日本の味方であるはずの独ソが開戦してしまいます。

七月、近衛文麿が首相に復帰しますが、同じ月にアメリカは、在米日本資産を凍結し、日本は苦し紛れで南部仏印（ベトナム南部）に進駐します。そして、一〇月に東条内閣が成立し、一一月にはアメリカからの最後通牒というべき「ハル・ノート」を突きつけられ、ついに**一二月八日、ハワイの真珠湾を攻撃し、アメリカに宣戦布告しました。**これを受けてルーズベルトは議会に日独伊への宣戦布告を要請し、受諾させました。

日本がこの戦争を避けようとすればどの時点でそれが可能だったかというのは、なんとも難しい問題です。

大正時代に起きた出来事にまで遡るなら、アメリカが日本人排斥をせず、日本の満蒙などにおける特殊利益にもっと配慮し、日英同盟をワシントン体制というあいまいなものに置き換えることを要求しなければよかったのはたしかですが、ここでは昭和になってからの出来事だけを考えてみましょう。

この時代における日本の最大の失敗は、軍部の独走というよりも、**当時の政権が、軍部内の一部分子の独走を抑えられず、「結果オーライ」で追認していったことです。**陸軍は、なにごとにも慎重な山県有朋《やまがたありとも》が健在な時は、決して冒険主義をとりませんでしたし、軍紀もしっかりしていました。ところが、その重しがとれると、陸軍は功名心が先立つ前近代的な武士の集団になってしまいました。軍部には戊辰戦争における反政府軍出身者も多くなり、明治維新と文明開化の精神を失ってしまったのです。

満州事変を石原完爾らが策し、独断による朝鮮派遣軍の越境や、満州国の建国を当時の政権は追認しました。しかも、満州国の国づくりは素晴らしい成果を挙げていました。万里の長城の北だけとって、あとは国民政府とうまくやれば、よかったとはいえますが、跳ね上がり行為をいちど追認すると、第二の石原完爾が熱河作戦だ、華北に緩衝地帯をつくるとかいって一部の軍人が行動しても止めることができません。それでも、「蒋介石を相手にせず」といったあたりまでなら、軍を抑えることさえすれば十分でした。しかし、それができなかったのは、それを阻止しようとする**政治家も、軍人も、天皇ですら、高いテロの危険に直面していたからです**。もちろん、その後も、汪兆銘政権を賢くバックアップしたらどうなったか分かりませんし、三国同盟を結ばなければアメリカが対日戦を対独開戦の梃子にするというようにはできませんでした。南部仏印に進駐して英米との対決を決定的にすることもなかったともいえます。

もうひとつ忘れてならないのが、**「ゾルゲ事件」**と呼ばれるスパイ事件です。コミンテルン（各国共産主義政党による国際組織。実質的にはスターリンが支配）から送り込まれたドイツ人のゾルゲと近衛内閣のブレーンだった朝日新聞記者の尾崎秀実《ほつみ》の工作が近衛内閣中枢に入り込んでいるなど、日本をソ連と対抗させるより南方を目指して米英などと戦わそうとする工作もありました。日本が背後から攻めておればソ連は間違いなくドイツに負けていました。その場合にアメリカがどう出たかは分かりません。実際に動かなくとも、ゾルゲが「日本は絶対に動かない」という情報をもたらさなければソ連は極東を手薄にできなかったのです。

二〇一五年、ゾルゲの顕彰碑がモスクワに建てられた際に、ロシア軍の幹部が、**「ゾルゲの存在がなければ第二次世界大戦はどうなっていたか分からない」**と挨拶していました。それに対して、日本人はこの事件の意味を過小評価しています。

「ハル・ノート」と真珠湾におけるルーズベルトの悪だくみ？

南部仏印進駐のあとになると、一九四一年一一月二六日における日米交渉で、アメリカ国務長官コーデル・ハルから最後通牒的に出された「ハル・ノート」を全面的に飲めばよかったという議論があります。いちおう形としては受諾した上で、落とし所を見つければよかったということでしょう。しかし、それでアメリカが許してくれたかどうかは難しいところです。

さらにいえば、三国同盟を事実上、凍結して、場合によっては、連合国側にたって参戦するつもりくらいまで決断すれば第一次世界大戦のイタリアのような立場になれました。

日ソ中立条約にしても三国同盟にしても、条約を破るわけにはいかないと考えるのは当然ですが、三国同盟を事実上凍結して、場合によっては、日本が連合国側にたって参戦する、といった〝歴史のif〟も考えられないわけではありません。いずれにしても、**日本は不利と分かっていても交わした条約は遵守した**ことを、ロシアやドイツにもっと恩を着せるべきだし、世界にも日本の誠実な条約遵守を喧伝してよいと私は思います。

一方、一九四一年の一二月に日本が対米開戦を決意したのを、結果論からだけで信じられないような間違いとするのは、偏った考え方です。

当時、ドイツがソ連に負けるとは誰も予想していませんでしたし、イギリスがドイツに屈する可能性もありました。ルーズベルトの先代のフーバー前大統領など、「ヨーロッパではドイツが勝つだろうから、ヒトラーと対話ができなくてはダメだ」と主張していたくらいです。

また、日本が緒戦の勝利を背景にアメリカと外交交渉をするというのは選択肢のひとつとしてなら考えられなくはなかったと思います。

なにしろ、「ハル・ノート」の頃は、アメリカの経済制裁で鉄や石油が枯渇することは必至でした。時間が経てば開戦すらできなくなるのも確かでした。**最近の北朝鮮が、いつ暴発するかもしれないという状況に似ています。**そうでなければ岸信介とか賀屋《かや》興宣《おきのり》といった賢者が閣僚として賛成するはずがありません。

開戦の半年後には、ミッドウェー海戦で日本海軍は壊滅的な打撃を受けます（一九四二年六月）。ドイツ軍もスターリングラードで敗れ（一九四三年二月）、勝敗の帰趨《きすう》が見えてきました。さらに、日本はサイパン島を占領され（一九四四年七月）、本土爆撃が避けられなくなりました。

この時点において、万が一にも日本の勝利はなくなったのですから、何が何でも早期の終戦が賢明でした。しかし、一億総玉砕しても最後まで戦おうと主張するような信じがたい人たちがいました。

しかし、近衛文麿、若槻礼次郎、岡田啓介、平沼騏一郎《きいちろう》、米内光政《よないみつまさ》、宇垣一成《うがきかずしげ》、吉田茂など多くの人が協力し、最後は閣内にあった岸信介が、更迭を拒否して東条内閣（在職一九四一～四四年）を総辞職に追い込みました。

霞ケ浦海軍航空隊の訓練を視察する昭和天皇。1942年（毎日新聞社）

そして、とりあえず陸軍の小磯国昭《こいそくにあき》（在職一九四四〜四五年）を首相とし、海軍の米内光政を副総理格とする内閣が発足しましたが、東条らはなお終戦に抵抗しました。また「一撃を与えてから有利な条件で」と粘ったことで終戦は遅れました。昭和天皇は当時の状況を次のように語っています。

「ニューギニアのスタンレー山脈を突破（一九四三年九月）されてから勝利の見込みを失っていた。一度どこかで敵を叩いて速やかに講和の機会を得たいと思ったが、ドイツとの単独不講和の確約があるので国際信義上、ドイツより先には和を議したくない。それで**早くドイツが敗れてくれればいいと思ったほどである**」（『昭和天皇独白録』）。

第二次世界大戦の日本軍戦死者はおよそ二三〇万人、民間人死者は一〇〇万人ですが、民間人死者のほとんどが一九四五年に亡くなっています。戦死者数については厳密には分からないのですが、最後の一年で三分の二以上が亡くなったことは間違いありません。

もっとも、同じ理屈なら、六〇〇〇万人の死者を出したというソ連や三〇〇〇万人と自称する中国は、戦後に自国民の英雄的抵抗が称えられていますが、ドイツや日本に早めに降伏していればこれだけの死者を出さずにすんだということになるわけですから、一面的な見方をするのもいかがなものかと思います。

カイロ会談のフランクリン・D・ルーズベルト（中央）。左に蔣介石、右にチャーチル（毎日新聞社）

いずれにせよ、**もう半年降伏が早ければ、沖縄戦も東京大空襲も原爆投下もソ連参戦もなかったのです。**

アメリカとの戦争に至る過程については、公平に見ても、やはり日本自身により大きな責任があると私は思います。日本が中国での権益の維持と拡張に欲張りすぎたのは確かですし、軍部内独走を許したのも日本自身の問題でした。

また、日独伊三国同盟を結んだ以上は、ルーズベルトがこの三国を一網打尽にしようとしたことを非難もできませんし、日本が飲みやすい和平案をアメリカが出してくれなかったとしても、日本から文句をいう話ではありません。

アメリカは、日本海軍が作戦指示に使った暗号を解読して、真珠湾攻撃を事前に知っていたにもかかわらず、ルーズベルトがわざと攻撃を実行させて被害を大きくしたともいわれています。しかし、このことは、自国民を見殺しにしたとしてアメリカ国内で非難されるかもしれませんが、日本側が論難することではありません。とはいえ、**アメリカ国民にとっても、ルーズベルトが賢明だったかというと、はなはだ疑問です。**

ケネディの父親は親ナチ派だった

第二次世界大戦は、イギリス、フランスという二大民主主義国が、ポーランドなど東欧諸国を、ナチス・ドイツやイタリアから助けるために、一九三九年にドイツと開戦して始まりました。

ドイツ軍は一九四〇年にフランスを降伏させ、同じ頃にイタリアも参戦しました。一方、中国と対立して国際的な非難を浴びた日本は、一九四〇年にドイツ、イタリアと三国同盟を結びます。そのことでアメリカから厳しい制裁を受けてじり貧になり、一九四一年にアメリカやイギリスに宣戦布告し、これを受けてアメリカは日独伊に宣戦布告したというのが、第二次世界大戦の基本図式です。

また、フランスではドイツに降伏後、ペタン政権は中立国となりましたが、ドゴール将軍率いる亡命政権が連合国側に参加しました。

ソ連は、ドイツと日本とそれぞれ不可侵条約を結び、一九三九年にはポーランドをドイツと山分けし、日本が満州国を支援したのに対して、モンゴルを同様に支援していました。しかし、一九四一年にドイツから攻撃を受けると英米と連合を組み、一九四五年には条約を侵犯して日本への攻撃を始めました。

また日本は、中国の汪兆銘政権（南京）を承認していたので、蒋介石政権（重慶）を国家として認めませんでしたが、重慶政府は日米開戦後に一方的に日本に宣戦布告をしました。

この過程においては、英米仏にとって、ドイツと戦うことが必ずしも唯一の選択肢ではありませんでした。フランスは、古来、ドイツと一〇〇〇年間戦い続け、普仏戦争ではドイツが勝ち、第一次世界大戦ではフランスが勝って、お互いに領土をキャッチボールしていましたからナチス・ドイツの勃興は怖くてたまりませんでした。しかしフランス国内における左翼の勃興を心配して、ナチスの考え方には共感する人もまた多かったのです。

イギリスも第一次世界大戦でドイツと戦いましたが、領土のやりとりは植民地だけでした。むしろ、ダメ国家だったドイツとイタリアが、ヒトラーやムッソリーニのもとで強力な国家体制を創り上げたことを称賛する人も多く、その中には「王冠を賭けた恋」で知られる英国王エドワード八世までいました。

アメリカでも、財界ではヘンリー・フォードなど、多くの人がヒトラーを絶賛し援助していました。ジョン・Ｆ・ケネディの父である**ジョゼフ・ケネディ**もその一人で、一九三八年から一九四三年まで駐英大使でしたが、ネビル・チェンバレン首相とともに対独融和政策を推進し、開戦後もアメリカの参戦や武器の供与に消極的でした。「ユダヤ人に対するホロコーストを起こしたナチスに融和的である選択など、ありえたはずがない」という人も当然いると思いますが、ホロコーストは一九四一年夏頃になってから始まったことが忘れられがちです。

もちろん、ヒトラーはひどい人種差別的な主張を早くから唱えていましたが、ホロコーストのような他に類例のない暴挙は開戦後の話ですし、それすら一九四四年八月にポーランドが解放されるなどしてから明るみになったことです。

日独伊三国同盟を結んだ時には、ホロコーストをすることなど日本にとって予想などできませんでしたし、アメリカや英仏にとってももう少し対独強硬一辺倒ではないことが選択肢としてあり得なかったとはいえません。

また、当時のアメリカの人種差別や移民制限はひどいものでしたし、イギリス領では、南アフリカのアパルトヘイトやオーストラリアの白豪主義など、人道上、許しがたい人種差別が行われていたのです。

いずれにしろ、アメリカやイギリスにとっては、①ドイツとソ連を戦わせておけばよかったのではなかったか、**②ドイツがより深刻な脅威だったとしても、ソ連の勢力拡大を防ぐことも同時に考えるべきでなかったのか**、という選択肢はありえました。

私の意見ということでいえば②です。ヒトラーの狂気、そして、その頃はまだ後進国だったソ連に比べてドイツの科学技術は世界最高レベルでしたから、まず、ドイツを抑えねばというのは正しかったと思います。ただ、東ヨーロッパをすべてソ連にくれてやるくらいなら、ドイツやイタリアで早期停戦論が力を得る条件を提示してもよかったはずです。

まして日本については、日本を三国同盟にまで追いやらなければ、あるいは、前述した「ハル・ノート」より寛大な条件、たとえば満州からの撤退までは求めないとか、早い段階で国体護持は認めるという確約は与えるなどしていれば、戦争には至らなかったか、もっと早期に収束していたことは明らかです。

さらに、日本のアジアにおける立場は、アメリカの中南米やフィリピンのそれと同じであると、互いに擁護し合ったことを忘れて、必要以上に厳しく正義を主張して日本を敵に回す必要もなかったのです。

また、日系移民の排斥での負い目を正当に感じなかったのもアンフェアですし、建前だけは立派でも、実行が伴わない中華民国への過度の肩入れも、賢明ではなかったと私は思います。

トルーマンと原爆投下の本当の動機

終戦前の四カ月と、戦後にマッカーサーが東京にあった時期、アメリカの大統領は一貫して**トルーマン**（在職一九四五～五三年）でした。一九四五年四月、ルーズベルトの死去により大統領に昇格し、一九四八年の大統領選挙で僅差ながらも再選され、一九五三年一月に**アイゼンハワー**大統領（在職一九五三～六一年）に引き継ぎました。

トルーマンは、ミズーリ州で地方行政官として有能さを発揮したのち、トム・ペンダーガストという地方ボスの傀儡《かいらい》として上院議員となりました。

ルーズベルトの三期目の副大統領は、ウォーレスというリベラル左派の政治家でした。映画監督のオリバー・ストーンが彼の大ファンで、もし彼が大統領になっていたら世界史は根本的に変わっていただろうといっています。しかし、保守派の反対でウォーレスは再任されず、ルーズベルト四期目の副大統領には、毒にも薬にもならないトルーマンがなりました。

就任からしばらくのトルーマンは、外交や軍事問題などをほとんど理解していませんでした。したがって、どのように考えてさまざまな重要決定をしたのか、議論すること自体が無駄な気がします。

大統領に就任するまで、彼は原爆開発のための**「マンハッタン計画」**を知らされていませんでした。七月のポツダム会議には、ソ連の対日参戦を実現させなければ戦争は長引くかもしれないと思って出発しましたが、会議の途中で原爆実験成功の報を受けました。もうソ連の協力は不要なのですから、わざわざソ連に参戦させて分け前を渡すメリットもなくなっていたのです。以後、トルーマンはソ連に対して強気の態度に出ますが、このように、トルーマンの行動は常に行き当たりばったりでした。

日本には天皇制の維持を約束し、原爆投下を予告し、ソ連の参戦も示唆していたら日本は自ら終戦を決断しただろうと思います。

原爆投下が終戦のために決定的だったかどうかというのは、なんともいえないところです。なぜなら、終戦は御前会議での合議で決まるのですから、参加者それぞれが何をもって賛成したり反対したりするか違うからです。

ただ、**原爆が決定的な意味を持っていたという証言は多くあります。**

「この種の武器が使用せらるる以上、戦争継続は愈々《いよいよ》不可能となれるにより、有利なる条件を得んがために、戦争終結の時期を逸するは不可なり。条件を相談するも纏《まと》まらざるに非《あら》ざるか。なるべくすみやかに戦争終結をするように努力せよ」（『終戦史録』外務省）というのは、東郷茂徳外相が天皇に報告した時にいただいたお言葉です。

また、「言葉は不適当と思うが、**原子爆弾の投下とソ連の参戦は、ある意味では天佑《てんゆう》であると思う。**国内情勢によって戦争をやめるということを、出さなくてすむからである」（『検証戦争責任Ⅱ読売新聞戦争責任検証委員会』）という米内海相の八月一二日の発言や、当時の書記官だった迫水久常《さこみずひさつね》の「原子爆弾だけに責任をおっかぶせればいいのだ。これはうまい口実だった」（『大日本帝国最後の四か月』）といった言葉も残っています。

これらを見ても、中枢部が原爆投下にかなり決定的な意味を感じていたのは事実でしょう。ソ連の参戦は、満州や朝鮮が危うくなるだけですが、原爆は日本そのものの壊滅を現実のものとするのですから、恐怖は比べものにならなかったと思われます。

そういう意味では、アメリカの側から見れば、トルーマンが原爆を終戦の切り札にしたことまでは理解できます。しかし、予告だけでもよかったのではないか、あるいは、もっと東京に近く、人口の少ない軍事拠点に投下した方が、人的損失を増やさないで終戦決断を早められたのではないか、といった意見には反論できないはずで、**意図的に人的被害を多くして人体実験をしたといわれても仕方ありません。**

戦後におけるソ連との対立を想定して、アメリカの軍事力を見せつけたのだというオリバー・ストーン監督のような意見もありますが、それほどソ連を恐れていたのなら、その参戦を止めることを優先すべきですから笑止千万です。

アメリカが共産主義の脅威にもう少し注意深ければ、第二次世界大戦の死者もはるかに少なくてすんだし、東西冷戦という不幸もなかったのは確かですし、そういう賢明な判断をしなかった背景にコミンテルンの工作があったのは事実なのです。

第五章

マッカーサー元帥と占領時代

日米関係歴史年表〈5〉

※◯で囲んだ数字は、その出来事が起きた月を表す

西暦	元号	主な出来事
1945	昭和20	②ヤルタ会談③東京大空襲 ④沖縄戦開始。鈴木内閣が成立。ルーズベルト死去。トルーマンが大統領就任 ⑤ドイツ降伏⑦原爆実験成功。ポツダム宣言 ⑧原爆投下。ソ連参戦。日本降伏。東久邇内閣。マッカーサー到着 ⑨天皇がマッカーサー訪問⑩幣原内閣
1946	昭和21	①天皇の人間宣言。公職追放開始②GHQから憲法素案④総選挙 ⑤東京裁判始まる。吉田内閣が成立⑪憲法公布
1947	昭和22	④参議院選挙・総選挙などが行われる⑤憲法施行。片山内閣が成立
1948	昭和23	③芦田内閣が成立⑧大韓民国成立 ⑨朝鮮民主主義人民共和国成立⑩吉田内閣が成立
1949	昭和24	①総選挙③ドッジ・ライン。1ドル=360円⑨ソ連原爆保有公表 ⑩中華人民共和国成立
1950	昭和25	④ダレス・池田会談⑥ダレス来日。朝鮮戦争勃発 ⑧警察予備隊設置⑩中国義勇軍介入
1951	昭和26	④マッカーサー解任⑨サンフランシスコ講和条約。安保条約締結
1952	昭和27	①李承晩ライン②日米行政協定 ④講和条約・安保条約発効。日華平和条約

イラク占領政策に日本での経験は活かされたか

イラクでサダム・フセインを倒したまではいいのですが、かわりにシーア派が政権についてしまい、イランの影響が強くなってしまいました。しかも、フセイン時代の与党だったバース党関係者を根こそぎ追放したところ、彼らがIS（イスラム国）に入って彼らの勢力の拡大を許してしまい、困り果てているというのが、現在のアメリカです。**戦争は上手でも戦後の占領政策は下手という以前に、戦争をする前にどうしてそのくらい考えておかなかったのか**、と言いたいところです。

太平洋戦争後の日本の占領政策にしても、イラクに対してよりはましでしたが、一生懸命にやったわりには、ずいぶんと無駄なことをしたように思います。

まず、昭和天皇をどうするかということについて、天皇制を維持して昭和天皇は裁判にかけないと割り切っておけば、おそらく戦争は半年は早く終わっていたことでしょう。

また、なぜ反米的な社会主義者を政治や社会のさまざまな部門で重用したのでしょうか。安全保障面においても、日本をアメリカに積極的に協力させることを選択肢として残しておかなかったのかも、まことに不思議です。

こういうことは、イギリスやフランスならあり得ません。官僚機構がしっかりしていますから、かなり緻密な調査をして計画をたてますし、大統領や首相も外交のプロですから、明確なビジョンを持っています。

その点、**アメリカでは、地方政治家がほとんど知識や経験なしに、いきなり大統領になりますし**、その助言者も一時の寄せ集め軍団ですから、長期的な国益を総合的に考えることなどそもそも無理ということでしょう。

アメリカでもっともまともな官僚は軍人です。プロの官僚集団がない国にあって、軍政のもとで国を超法規的に治める能力を持っています。

日本が無条件降伏した時に、この列島の支配者としてやってきたのは、極東軍司令官だった**ダグラス・マッカーサー**元帥でした。

ダグラス・マッカーサーは一八八〇年に生まれ、南北戦争時の南軍の英雄ロバート・リー将軍以来の成績でウェストポイントの陸軍士官学校を卒業しました。若い頃からフィリピン勤務が多く、日露戦争の時には駐在武官だった父とともに日本にも来ています。

陸軍参謀総長などを経験したのち、独立が予定されていたフィリピン軍の育成に当たっていました。開戦直前に極東軍司令官となり、日本軍に追われてオーストラリアに退きましたが、反撃を指揮しました。

そして、朝鮮戦争への対処方針をめぐる意見の対立からトルーマンによって一九五一年四月に解任されるまで、一九四五年から連合軍最高司令官として在任しました。サンフランシスコ講和条約が結ばれたのは、同年の九月ですので、講和問題にはあまり関与していません。

一九四五年八月三〇日、厚木飛行場にコーンパイプを咥えながら降りたったマッカーサーは、横浜のグランド・ホテルにとりあえず落ち着き、九月八日にGHQを東京・丸の内の第一生命ビルに置きました。

そのマッカーサー元帥のもとでの占領時代を振り返るために、当時の日本とアメリカの政権指導部の推移を簡単に説明しておくことにしましょう。

東久邇内閣から吉田再登場まで

終戦の時の首相は海軍出身の鈴木貫太郎（在職一九四五年）でしたが、すぐに皇族の東《ひがし》久邇《くにの》宮稔彦王《みやなるひこおう》（在職一九四五年）に代わりました。アメリカにとっては、軍の一部が降伏命令に従わないことがもっとも恐れるべきことでしたから、皇族を首相にするというのは妥当でした。

副総理格の国務大臣に近衛文麿、外務大臣は**重光葵**《しげみつまもる》、海軍大臣は米内光政、大蔵大臣は津島壽一、内閣書記官長は朝日新聞社出身の**緒方竹虎**《おがたたけとら》でした。近衛文麿に近い人たちが多いのですが、これは、東条内閣の倒閣や終戦のために動いたのがこのグループだったので当然の人選でした。

マッカーサーは近衛に対して憲法改正に取り組むことを依頼します。これを受けた東久邇首相は辞任しました。皇族が憲法改正のイニシアティブをとるわけにはいきません。

後任は、あの「軟弱外交」の外相だった幣原喜重郎です。

東久邇や近衛と内大臣で昭和天皇の側近だった木戸幸一らが、平沼騏一郎元首相などと相談して、「米国からの反感がない」「戦争責任の疑いがない」「外交に精通している」という三条件にあてはまる人物を模索しました。

その結果、幣原と重光に代わって外務大臣になっていた吉田茂が候補になりましたが、外交官として先輩である幣原に大命が降りました。世間では「まだ生きていたのか」といった受け止め方をされた過去の人で、見かけもいかにも老人の風貌でしたが、首相として働き出すと往年の切れをかなり取り戻しました。

翌一九四六年四月の総選挙は、女性参政権が初めて認められた選挙でした。よく勘違いする人がいますが、**女性の政治参加は旧憲法下で実現したもので、新憲法（一九四七年五月三日施行）とは関係ありません。**この選挙では、**鳩山一郎**（在職一九五四～五六年）の自由党が勝利したものの、選挙後になって鳩山自身が公職追放されました。

鳩山はもともと普通選挙反対で売り出し、ロンドン軍縮条約の批准を「統帥権干犯」だとして妨害し、田中義一内閣の内閣書記官長として対中国強硬路線の森恪《もりかく》外務政務次官の盟友として中国進出を推進しました。また、斎藤実内閣（在職一九三二～三四年）の文部大臣として京大教授を思想弾圧した「滝川事件」を起こすなど、バリバリのタカ派でした。

ただ、鳩山は政党人としては軍人宰相には反対し、大政翼賛会には参加しなかったので、戦後すぐは公職追放になりませんでした。しかし、首相候補といわれたとたん、各方面から旧悪が糾弾され、宰相の座を目前に公職追放されました。

そこで、権力に執着しない吉田茂なら、自分が追放解除になったらすぐに「大政奉還」して復帰させくれるだろうと目論んで、吉田に政権をいわば預けたわけです。

吉田は、一八七八年の生まれで、土佐出身の竹内綱《たけのうちつな》という代議士の実子でしたが、横浜の豪商でイギリスと関係の深かった吉田家に養子に出されました。外交官になったのち、薩摩の大久保利通の子である牧野伸顕の娘と結婚しました。

田中義一首相のもとで外務事務官となり、広田弘毅《こうき》内閣では外相に擬せられましたが、親英米だと嫌われて軍部の同意が得られず、駐英大使として赴任し、そこで三国同盟に反対しました。

戦時中は近衛文麿らと東条退陣運動や終戦工作にかかわり、そのために投獄されたことから、これがGHQへの免罪符になりました。

吉田は、アメリカ派というよりはイギリス派で、また幣原のような実直なハト派ではなく、ときには押したり引いたりすることも辞さないリアリストでした。そして、土佐や薩摩の閥に属するがゆえに、明治体制に対する誇りがありました。その一方、軍部については生理的な不快感を持っていました。

こうして、ピンチヒッターで自由党の党首になった吉田茂が、一九四六年五月に後継首相（在職一九四六〜四七、四八〜五四年）となりました。そして、吉田茂政権のもとで一一月三日に日本国憲法が公布され、翌年の五月三日に施行されることになりました。それ

第1次吉田内閣当時の吉田茂。片山哲（右）と国会で（毎日新聞社）

に先立って三月から四月にかけて地方自治体の首長と議員の選挙、参院選挙、総選挙が一斉に行われました。新憲法の規定に合致した議員や首長を用意する必要があったからです。

この参院選挙で自由党は敗れ、社会党の**片山哲**（在職一九四七〜四八年）が民主党などの協力を得て政権を獲得しました。

このあたりで、**社会党からの首相を阻止すべくGHQが動いてもおかしくなかった**のですが、吉田の戦前的な体質がGHQ左派に嫌われたのでしょう。また、片山がクリスチャンだったこともアメリカ人から好感を持たれる理由でした。弁護士という職業も官僚出身者より好ましく見えました。

しかし片山は、他の党からマルクス主義的な社会党内左派を切るように要求され、結局、左派からは閣僚を出せず、その左派は政権運営に協力しませんでした。片山は行き詰まって辞職せざるを得なくなり、連立を組んでいた民主党の芦田均（在職一九四八年）が次期総理となりました（一九四八年三月）。

芦田は、一八八七年、京都府福知山の豪農の生まれで、外交官を早く退官して代議士になり、リベラルな姿勢を通したので、大政翼賛会には属していませんでした。ただし政治力はあまりなく、ＧＨＱとの交渉でも「どうせいってもダメだろう」といった姿勢で淡泊でした。

芦田内閣はもともと議席数からいっても不安定でした。また「政権たらい回し批判」を受け、「昭和電工事件」という疑獄事件にも見舞われて、芦田は退陣しました。そして吉田茂が少数与党のまま復帰し（一九四八年一〇月）、衆議院を解散して国民から信任されました。

この吉田再登板の時に、ＧＨＱ左派のケーディスらは、吉田が戦前的な体質の政治家だとして抵抗し、自由党の幹事長だった山崎猛《たけし》を推す工作をしましたが、山崎自身が代議士を辞職して抵抗したため、成功しませんでした。吉田は一九五四年一二月まで六年間にわたって政権を維持することになります。

ＧＨＱの内部では、参謀第二部（Ｇ二）部長のウィロビーらの右派と、民政局のホイットニーやケーディスら左派の間で常に対立がありましたが、冷戦の進行に伴って保守派が次第に有利となりました。そして、一九四九年五月、ケーディスが鳥尾子爵夫人との不倫事件で足元をすくわれて離任し、これで勝負がつきました。

吉田茂の基本姿勢は、「親米、反共、軍人への反感と軽武装主義、ほどほどの民族主

義、経済についての自由主義」といったイデオロギーに裏づけられていました。夫人の熱心な信心もありカトリックに好意的でしたが、政治的な配慮から生前に洗礼は受けませんでした。余談ですが、吉田の孫にあたる麻生太郎は熱心なカトリック信者です。また、吉田は優秀な若手官僚を政界に登用し、そのグループは「吉田学校」といわれました。

マッカーサーと昭和天皇

一九四五年九月のマッカーサーと昭和天皇との会談は、吉田外相などの仲介で慎重に準備され、天皇が会見を申し出た形で、駐日アメリカ大使館で行われました。マッカーサーが連合国から非難されないためには、天皇からの申し出ということでなくてはならなかったのです。

この会談でのやりとりは、さまざまな形でリークされていますが、本当のところは判明していません。ただ確かなことは、**両者が互いに話し合える相手だと認識した**ということでしょう。そののち、両者の会談は一一回も行われることになります。

この会談のあと、ラフな服装のマッカーサーと、礼服で直立不動の昭和天皇の写真が新聞に掲載されました。この写真は日本人に強い衝撃を与え、日本の最高権力者が誰であるかを国民に知らしめました。

マッカーサーとしては、自分を天皇より偉い、あるいは、並ぶ存在だということを巧みに演出したわけです。つまり、天皇の権威を維持し利用しつつ、それを思いのままに操れる自分の権威を日本人と世界に発信する見事なパフォーマンスでした。

マッカーサーが、日本に到着する前から天皇制の維持と昭和天皇の責任を問わないことを決めていたのかどうかは不明です。しかし、**この会見によって両者に信頼関係が構築できたあとは、マッカーサーは一貫して天皇を擁護しました**。

新しい時代における昭和天皇の最初の意思表明は、一九四六年の年頭勅語でした。一般に**「人間宣言」**と呼ばれるものですが、もとより、これはマスコミが勝手につけた名前です。

「顧みれば明治天皇が明治のはじめにあって、国の方針として五箇条のご誓文を給われた。（中略・五箇条のご誓文の紹介）。我が国は、未だかつてない変革を成そうとしている。私自らが率先し、天地神明に誓って、このような国是を定め、万民保全の道に立つので、国民もこの趣旨に基づき、一致団結して努力してほしい」（筆者による現代語訳）という内容でした。

これに引き続き、「**私と国民との結びつきは、相互の信頼と敬愛とによるもので、神話や伝説によって生まれたものではない。**天皇を現御神《あきつみかみ》とし、日本国民を他の民族より優れたものと見なして、世界を支配するという架空の観念に基づくものではない」（同前）というくだりがあり、「人間宣言」と名づけた人たちは、この部分を勅語の主旨だと曲解したわけです。

昭和天皇は、これがひどく不満だったらしく、一九七七年の記者会見で、「それ（五箇条のご誓文を引用する事）が実は、あの詔書の一番の目的であって、神格とかそういうことは二の問題でした。当時はアメリカその他諸外国の勢力が強く、日本が圧倒される心配があったので、民主主義を採用されたのは明治天皇であって、日本の民主主義は決して輸入のものではないということを示す必要があった。**日本の国民が誇りを忘れては非常に具合が悪い**と思って、誇りを忘れさせないためにあの宣言を考えたのです。はじめの案では、五箇條ノ御誓文は日本人ならだれでも知っているので、あまり詳しく入れる必要はないと思ったが、幣原総理を通じてマッカーサー元帥に示したところ、マ元帥が非常に称賛され、全文を発表してもらいたいと希望されたので、国民及び外国に示すこと

1945年9月、連合国軍最高司令官のマッカーサーを訪問した昭和天皇（毎日新聞社）

にしました」

と異例の言及をされています。

民主化のためという必要を逸脱した日本国憲法

憲法については、マッカーサーから東久邇宮内閣の近衛文麿国務大臣に改正を考えるようにとの指示が一九四五年一〇月四日にあり、検討が始まりました。しかし東久邇宮内閣はわずか五四日で総辞職し、また、近衛が改正作業の主要メンバーとして相応しいかどうかという議論もあり、続く幣原内閣の**松本烝治**《じょうじ》大臣が作業を引き継ぎました。

しかし、翌年の二月に松本案が毎日新聞に掲載されるや、GHQは微修正にすぎないとして、**ケーディス**を中心に独自案を作成して日本側に示しました。そして、四八時間以内の受け入れを要求し、日本側はこれを承諾して細かい調整に入り、三月に案文をまとめました。

その後、総選挙を経て成立した吉田内閣に代わりましたが、天皇臨席の下で枢密院が六月八日に可決。政府は大日本帝国憲法七三条の憲法改正手続きに従い衆議院に提出し、八月二四日、若干の修正を加えて圧倒的多数で可決しました。

この憲法が押しつけであるかどうかは、あまり意味のないことだと私は思います。マッカーサーは、天皇制の存続、昭和天皇の責任を問わないことを目指し、また一方で、日本を平和国家で民主主義的な国にすることを自分の業績にしたいと考えていました。そのためには、憲法の改正をただの微修正ではすますわけにはいかないと考えたのです。そして、昭和天皇も含めた日本側も、これを仕方ないことと受け入れました。

原案を誰が書いたかなど、どうでもいいことです。それを言い出したら、明治のさまざまな法典でも外国人顧問が起草したわけですから、きりがなくなります。

戦争放棄に関する規定が盛り込まれたことについては、マッカーサーと幣原のどちらがいい出したかは分かりませんが、その両者が気に入ったことは確かでしょう。これは、戦前の「パリ不戦条約」の立役者の一人だった幣原の考え方に合致していましたし、マッカーサーもアメリカによる世界の覇権を絶対的なものと考え、日本が強い軍事力を持つことを望んでいませんでした。また、吉田首相は軍部の復活を恐れていました。こうしたことから、この大胆な提案が実現したのです。

ただ、民主化というより、ヨーロッパ式の仕組みをアメリカ式に趣味的かつ強引に置き換えようとするアメリカのやり方は、ポツダム宣言を受諾させるという本来の目的を逸脱しており、あまりフェアなやり方とはいえません。

また、出来のよい憲法かどうかといえば、**技術的な欠陥も非常に多く、**かなり疑問が残ります。たとえば、違憲立法審査は、最高裁より憲法評議会などに行わせる方がよく機能しますし、衆参両院の機能の整理もきちんとできているとはいえません。地方の首長を公選にしたことも、知事などの独裁体制を生じさせる一因になっています。

また、厳しすぎる改正規定は、占領下において制定された憲法が、将来の世代に対して不合理な拘束をかけているといわざるを得ません。憲法の中身がよいからといって、そのことが厳しい改正規定を正当化する理由にはなりません。

しかし、いずれにせよ**この憲法改正が天皇制と昭和天皇を救い、さらには日本国の独立と統一に役立ったことは間違いのない事実だと思います。**その意味で、押しつけだと非難するのは、意味のない主張だと思います。

東京裁判は取引として割り切るしかない

東京裁判についても、取引として見れば、仕方ないことではないかと思います。

連合軍は、すでに一九四五年の一一月から、ナチス・ドイツに対する**ニュルンベルク裁判**を開始していました。日本がナチスと一緒にされる道理はないのですが、ドイツよりあとまで抵抗を続けたのですから、日本を無罪放免というわけにはいきませんでした。

とくに、オーストラリアなどイギリス連邦諸国は、日本に戦争で痛い目にあった上に、華々しい戦勝という栄光で心を癒やすこともできなかったので、黙っていませんでした。また、日本との条約を破って参戦したロシアは、それを正当化するために、日本を徹底的に悪者にする必要がありました。

そうなると、誰をどのように裁き、どのような判決文を書くと日本、とくに昭和天皇を許すということになるかが問題でした。まず**東条英機**です。東条は、開戦時の首相でしたし、それ以前に対米強硬論者でした。また、終戦にも抵抗しましたから、責任者として象徴的な存在とするにはいちばん好適でした。東条はA級戦犯として絞首刑となりました。

近衛文麿は、終戦に尽力したことは確かなのですが、無罪放免というにはあまりにも重要な役割を開戦や日中戦争について演じすぎていたので収監が決まり、自殺しました。

それに対して、収監されなかったのが、岡田啓介、若槻礼次郎、米内光政、宇垣一成らの要人たちです。裁判も終わりにかかった一九四八年の暮れに、主席検事のキーナンがこの四人を宴に招いて「平和主義者」として慰労しています。このあたりになると、本当に彼らに戦争責任がないかというより、**親英米だったかどうかの印象で刑を決めた**といわれてもしかたありません。

また、一九四六年から始まった**公職追放**も、GHQにとっては大きな課題でした。日本を大掃除するには、一定の規模の追放が必要でしたが、経済・社会を維持するためにはやりすぎもよくありません。バランスをどこにとるかが問題でした。

これについては、とくに、ウィロビーらの右派とケーディスらの左派が厳しく対立しました。結局、職業軍人、役所の局長、戦争遂行に協力した団体の役員、翼賛議員などの中から、実際に何をやったかというよりは、形式的な線引きをして、対象者が追放されました。その際に、両派が自分の気に入らない人物を選んで追放合戦をしたのも事実です。

この広汎な追放は、対象とされた人々に強い反米感情を植え付け、**「本来は保守派なのだが反米」**という人たちを多く生み出しました。政治家では、その典型が鳩山一郎であり、石橋湛山《たんざん》（在職一九五六～五七年）もそうです。

朝鮮戦争と憲法九条と日本再軍備

しかし、**マッカーサーがアメリカのために犯した最大の誤りは、社会主義陣営の力を甘く見たことです**。それは、当時のアメリカの指導部全体についていえることですが、中でもマッカーサーは楽観的にすぎました。

一九四五年においてアメリカは唯一の核保有国で、その軍事力で世界を支配できると考えていました。ところが一九四九年八月、ソ連が原爆実験に成功しました。アメリカの軍事機密がスパイによって漏洩したのです。

こうした中で、アメリカではスパイが次々と摘発され、「マッカーシズム」といわれる共産党シンパの追放が各界で行われました。その中に、ローゼンバーグ夫妻の事件がありました。ソ連に原爆に関する情報を流したということで逮捕され、夫妻は無実を訴えましたが、物的証拠のないまま死刑にされました。獄中から子供たちに送った感動的な書簡集が出版され、日本でも、『愛は死をこえて』という題名でベストセラーになりました。

反米プロパガンダとしてはなんともよくできた本で、私も中学生の頃に読んでアメリカはひどい国だと思いました。しかし、冷戦が終わったあと、夫妻は本物のスパイで、嫌疑は真実であることが判明するなど、陰謀史観の産物として扱われていたコミンテルンがらみの案件の多くがでっち上げでなかったことが判明しました。

中国では、一九四九年一〇月、毛沢東の共産軍が蔣介石の国民政府を台湾に追いやって、**中華人民共和国**が成立しました。この国共内戦の間、アメリカは積極的には国民政府を助けませんでした。中国共産党が政権をとる可能性を過小評価し、また、政権をとっても毛沢東は反米的にならないと思い込んでいたのです。

とくに、**マッカーサーの場合には社会主義への楽観が極端で、日本の非武装化を徹底しすぎました**。日本の軍事力をアメリカの同盟国として活用するという発想は、あってしかるべきだったのですが、それを不要だと決めてかかっていたのです。

国務省政策企画本部長のジョージ・ケナンが来日して、マッカーサーに日本の再軍備化や公職追放の解除を提案しましたが、マッカーサーは「沖縄さえ確保しておけばいい」「日本は東洋のスイスになればいい」といった反論をしました。

また、日本の左翼勢力がアメリカの世界戦略の阻害要因になることを予測できていたら、戦前の全体主義への逆戻りの可能性を排除するためとはいえ、左翼勢力を利用しようというような発想も起きなかったでしょう。

そんな状況下で、一九五〇年、**朝鮮戦争**が勃発します。朝鮮戦争は、ソ連のスターリンが金日成をけしかけて起きたものですが、スターリンは自分では手を汚さずに、毛沢東に義勇軍派遣という形で金日成を支援させました。権力基盤が確立していなかった毛沢東にとって、この戦争は政治的窮地を救うものでした。

マッカーサーは、ケーディスらの意見をいれて、日本の警察力を極端に地方分権するなどして弱体化させていました。これについては、急ぎ再強化することが可能でしたが、軍隊の方は押しつけたはずの憲法が障害になり、簡単にはいきませんでした。それでもなんとか、自衛隊の前身である**警察予備隊**を創設し、海上保安庁に機雷の掃海をさせ、韓国では旧日本軍軍人だった韓国人を抜擢して窮地を脱しました。

サンフランシスコ講和条約と李承晩の罪

マッカーサーがまだ在任中から、吉田首相は、第二次世界大戦の講和へ向けてワシントンでも動き出していました。初当選の新人の池田勇人をいきなり大蔵大臣に抜擢して、「ドッジ・ライン」に基づく均衡予算を実現させ、占領軍の要求を外圧として利用して戦時経済からの強引な脱却をはかっていました。

さらに吉田は、池田を通して、米英仏など西側諸国だけとの単独講和とアメリカ軍駐留の継続を希望していることを国務長官顧問ジョン・フォスター・ダレスに伝えました。一九五〇年六月にはダレスが来日してマッカーサーと話し合いを始めましたが、同月二五日、北朝鮮が三八度線を越えて侵攻し、朝鮮戦争が始まりました。

朝鮮戦争におけるマッカーサーはうってかわってタカ派になりました。常に過度に楽観的な見通しを立て、失敗すると勇敢なところをアピールしようとしました。さらには、核兵器の使用や中国との全面対決を招きかねない危ない提案をしてトルーマンを怒らせ、ついに解任されました。

一九五一年四月、マッカーサーは帰国の途につきましたが、その当日、東京の沿道には二〇万人が見送りに詰めかけました。離日後には「マッカーサー神社をつくろう」という声まで上がったほどでした。こうした過熱ぶりの裏には、少なくとも、**占領行政が思ったほど過酷でなかったことによる日本国民の安堵感がありました。**

マッカーサーが離任したのち、朝鮮半島の戦況は小康状態となり、第二次世界大戦の講和条約の交渉も進展しました。ソ連や中国をはずしての西側諸国だけとの単独講和は、当時厳しい批判にさらされましたが、今日ではほぼ正しい見通しに基づく選択だったと評価されています。

そもそも、この段階で中国との国交を選ぶことは、現実的な選択肢とはなりえませんでした。当時は主要先進国でイギリスだけが北京政府を認めていましたが、これは香港を守るためのやむを得ない選択でした。自由世界の大勢は国民政府の側にあったので、台北との国交樹立以外に選択肢がありませんでした。

当時の日本にとっても、まったく非武装というわけにもいかなかったので、警察予備隊の創設などはほどよい選択といえました。逆に、もし日本が本格的な再軍備などしていたら、その後のアジアにおけるアメリカの戦争に日本が狩り出されていたでしょうし、見返りもなく、もう一度中国と戦う羽目になっていたかもしれません。また、再び軍部を政治に近づける恐れもあったのです。

また、**講和条約の結果、沖縄はアメリカの施政権下に置かれることになりました**が、この時点では沖縄を日本の領土として世界に認めさせるには、機が熟していませんでした。

潜在主権は日本に属することにしたのは、ベストの選択だったと思います。時を選ばずに無理な交渉をすればやぶ蛇になって墓穴を掘ることは、歴史上のいろんな出来事を見ても明らかです。

逆に、アメリカの側からすれば、戦後、東西冷戦の可能性がかなり大きかったにもかかわらず、それを前提とした対日政策を採らなかったのは実に馬鹿げたことでした。

東西分裂という違った事情はあるにせよ、西ドイツでは共産党が非合法化されるなど西側陣営の一員としての立場に疑義を唱える政治勢力は許されませんでした。ところが、日本では広汎な公職追放を行ったために、リベラルな吉田茂らのグループ以上に保守的な勢力はいないという**「左翼片肺飛行」**の政界地図をつくってしまったのです。

それは政界だけでなく、言論界やアカデミズムの世界でも同様でした。政界においては、保守勢力の復活が許されたあとも、マスコミや学界では左翼片肺飛行が現在に至るまで続いています。また**「押しつけ憲法論」**に代表されるように、現在の保守派が必ずしも親米的とはいえないのも、当時の行きすぎた追放に対する恨みがもたらした結果なのです。

朝鮮半島では南北分割を許し、南において日韓併合以来、一度も半島の土を踏んだこと

■アメリカ人の人種構成の変遷

1790年の人口比			1820〜1920年の移民（万人）			2000年の人口比（国勢調査自己申告。複数回答可）		
1	イングランド	53.80%	1	ドイツ	550	1	ドイツ系	15.20%
2	アフリカ	19.40%	2	アイルランド	440	2	アイルランド系	10.80%
3	アイルランド	7.70%	3	イタリア	419	3	アフリカ系	8.80%
4	ドイツ	6.90%	4	オーストリア・ハンガリー	370	4	イングランド系	8.70%
5	スコットランド	3.80%	5	イングランド	250	5	アメリカ系	7.20%
6	オランダ	2.60%	6	ポーランド・ウクライナ	200	6	メキシコ系	6.50%
7	フランス	0.40%	7	スウェーデン	100	7	イタリア系	5.60%
8	ウェールズ	0.30%	8	ノルウェー	73	8	ポーランド系	3.20%
9	ユダヤ	0.10%	9	スコットランド	57	9	フランス系	3.00%
9	スウェーデン	0.10%	10	フランス	10	10	アメリカ先住民	2.80%

出典：Ann Arbor, Michigan: Inter-university Consortium for Political and Social Research (ICPS)、「アメリカ合衆国国勢調査」等をもとに作成

のない李承晩という守旧派の両《ヤン》班《バン》（朝鮮王朝時代の支配階級）を復帰させたのもアメリカの失敗でした。その結果、朝鮮戦争では三日間でソウルが陥落するという体《てい》たらくとなりました。

朝鮮半島の戦後処理については、日本の統治機構をそのまま維持しつつ、五年とか一〇年後の独立を目指すことにしていれば、南北分断の不幸もなかったでしょうし、堅実な国づくりができたはずです。そもそも、日韓併合はアメリカとの協調の中で行われたわけですし、多くの

在留アメリカ人は日本による統治を評価していたのですから、これをアメリカが否定的にばかり見る理由などなかったのです。

中国でも、重慶の国民政府に南京政府が合流するようにアメリカが動いていれば、中国の共産化もなかったはずです。国民政府の大失敗のひとつは、南京政府発行の紙幣の交換レートを政治的復讐心から低く設定したため、長江経済が崩壊したことでした。

アメリカも、第二次世界大戦で日本と戦ったことは得策だったのか、また、日本への大胆な改革や公職追放を要求した戦後処理は適切だったのか、冷静に議論するべきだと思います。それをきちんとしていたなら、すでに書いたように、フセイン後のイラクで、バース党関係者を追放しすぎて、イラク政府や軍がまともに機能しなくなり、しかも追放したバース党関係者がＩＳ（イスラム国）に流れる、といった愚かな事態にはならなかったと思います。

第六章

戦後と呼ばれた時代

日米関係歴史年表〈6〉

※◯で囲んだ数字は、その出来事が起きた月を表す

西暦	元号	主な出来事
1953	昭和28	①アイゼンハワーが大統領就任⑩日韓会談決裂⑫奄美返還
1954	昭和29	③第五福竜丸被爆⑥自衛隊設置⑨吉田訪欧米⑫鳩山内閣が成立
1955	昭和30	④バンドン会議⑧重光外相安保改定を提案⑪自民党結成
1956	昭和31	⑩日ソ共同宣言に調印⑫国連加盟。石橋内閣が成立
1957	昭和32	②岸内閣が成立⑤岸首相が東南アジア歴訪⑥岸首相訪米 ⑩ソ連人工衛星
1958	昭和33	⑤長崎国旗事件⑩安保改定交渉開始。警職法問題
1959	昭和34	③社党浅沼氏「米帝国主義は日中共同の敵」発言
1960	昭和35	①安保改定調印合意⑤強行採決⑥安保反対デモ。批准書交換 ⑦池田内閣が成立⑫所得倍増計画
1961	昭和36	①ケネディが大統領就任④ライシャワー大使着任⑧ベルリンの壁
1962	昭和37	⑩キューバ危機⑪日中LT貿易始まる
1963	昭和38	②部分的核実験停止条約 ⑪ケネディ暗殺。L·ジョンソンが大統領就任
1964	昭和39	④IMF8条国に。OECD加盟⑩東京五輪。中国核実験 ⑪佐藤内閣が成立
1965	昭和40	②ベトナム北爆開始⑥日韓国交回復⑧佐藤沖縄訪問
1966	昭和41	⑤文革始まる⑪アジア開発銀行設立
1967	昭和42	⑤ケネディ·ラウンド妥結⑥資本自由化始まる ⑪小笠原返還·沖縄返還「両三年」合意
1968	昭和43	①非核三原則⑪琉球主席に屋良朝苗
1969	昭和44	①ニクソンが大統領就任⑪佐藤訪米で沖縄72年返還決定
1970	昭和45	③大阪万博⑥安保自動延長
1971	昭和46	⑥沖縄返還協定調印⑦ニクソン訪中発表⑧ドル·ショック ⑩中国国連加盟⑫スミソニアン合意
1972	昭和47	②ニクソン訪中⑤沖縄返還⑦田中内閣が成立⑨田中訪中
1973	昭和48	①ベトナム和平協定⑧金大中事件 ⑩第四次中東戦争。オイル·ショック
1974	昭和49	①田中首相の東南アジア訪問で反日デモ ⑧フォードが大統領就任。朴正煕暗殺⑫三木内閣が成立
1975	昭和50	④サイゴン陥落⑪第一回サミット
1976	昭和51	⑪防衛費、GNPの1%以内方針⑫福田内閣が成立

アイゼンハワー時代の日米関係

サンフランシスコ講和条約が一九五二年に発効したことで、アメリカの日本占領時代は終わりました。しかし、この講和条約と同時に署名された日米安全保障条約は、アメリカ軍が自由に日本国内の基地を使える一方で日本を防衛する義務も持たないという変則的なものでした。

また、単独講和の結果としてソ連とは戦争状態が続いていましたし、中国については国民政府との国交しかありませんでした。南北朝鮮との国交も持てませんでしたし、国連加盟も課題でした。沖縄や奄美など、南西諸島や小笠原諸島の将来の扱いはペンディングになりました。

こうした問題の解決は、**一九五六年の日ソ共同宣言と国連加盟、一九六〇年の安保改定、一九六五年の日韓国交回復、一九七二年の沖縄返還、一九七八年の日中国交回復といった形で処理されました。**

北朝鮮との国交と戦後処理、ロシアとの平和条約や北方四島の返還、それに国連の敵国条項の存在、そして安保理常任理事国問題などがまだ課題として残されていますが、一九五〇年代から一九七〇年代の三〇年足らずで、戦後処理はあらかた終了したと考えていいでしょう。

終戦時と占領時代の大統領だったトルーマンは、経済不振と東西冷戦へのまずい対応から人気が衰え、三選は望むべくもなく退任しました。

共和党では、マッカーサーも次期大統領に意欲を見せていました。帰国時には凱旋将軍として大歓迎され、議会での**「老兵は死なず、ただ、消え行くのみ」**という演説は大きな話題となりました。しかし、議会の公聴会などでのやりとりから反発も強く、同じ軍人でも穏健な**ドワイト・D・アイゼンハワー**が候補となり、圧勝しました。

アイゼンハワーは、一八九〇年、テキサス州に生まれ、カンザス州で育ちました。アイゼンハワー家はドイツ系でした。ドイツからは一九世紀に多くの移民がアメリカにやってきましたが、アイゼンハワー家は一七世紀の移民でした。

アイゼンハワーはノルマンディー上陸作戦を成功させて有名人となりました。「アイク」の愛称で親しまれ、NATO軍最高司令官も務めました。管理能力と外交センスに優れていましたが、もともと政治には関心がなく、選挙で投票をしたことは一度もなかったといわれます。戦後、コロンビア大学学長に迎えられたのち、一九五二年の大統領選で、民主、共和の両党から立候補を要請され、勝利しました。

当時、アメリカは戦後の経済成長の時期にあたり、ハリウッド映画に出てくるようなアメリカ人の豊かな生活が世界のあこがれだった時代です。朝鮮戦争も停戦となり、スターリンの死やハンガリー動乱ののち、ヨーロッパも安定しました。

しかし、アジアやアフリカでは植民地が独立し、インドなど第三世界は東側に傾きました。ソ連は、人工衛星スプートニクを成功させて宇宙開発競争でアメリカより優位に立ち、社会主義の勝利を信じる人も多かった時代です。

この時期、アメリカは日本の政治にいらだっていました。吉田茂首相は、左翼勢力だけでなく、公職追放解除で復帰してきた鳩山一郎、岸信介、河野一郎、石橋湛山といった政治家に手を焼いていました。彼らは追放の恨みから反米的で、その裏返しとして中ソに接近することも多かったのです。

また、アメリカの仲介で日韓交渉が始まりましたが、李承晩大統領が日韓併合は無効であり、自身の亡命政府である大韓民国臨時政府は戦勝国の一員だという考えに固執して交渉を打ち切り、進展しませんでした。また、フィリピンをはじめ東南アジア諸国との関係も進展がありませんでした。

吉田首相はヨーロッパ各国を訪問し、とくにイギリスに友好的な関係の復活を訴えましたが、戦争で痛めつけられ、植民地を失ったイギリスの日本への恨みは強く、好意的な反応はありませんでした。

当時のアメリカは自衛隊の増強を望み、来日したニクソン副大統領が「憲法第九条は誤りだった」という発言をしました。しかし世論の反応は悪く、吉田首相も経済発展の妨げになるとして軍備増強には消極的でした。そうした中で、吉田内閣はアメリカからも見放され、一九五四年、総辞職しました。

アメリカは反米的な鳩山より緒方竹虎に期待

この頃のアメリカが、次代の日本のリーダーとして期待し、CIAも積極的に支援していたのは、朝日新聞の主筆や副社長を務めていた**緒方竹虎**でした。彼は近衛文麿と近く、小磯内閣の国務大臣を務めていたので、東久邇宮内閣の内閣書記官長だったにもかかわらず、公職追放されました。

緒方は国家主義運動の巨頭である**頭山満**《とうやまみつる》に師事し、同じくその影響を受けた中野正剛《せいごう》の盟友でした。福岡県人らしく頭山らのアジア主義にも理解は示していました。ただし、民主主義の信奉者でしたし、経済政策では、吉田茂や池田勇人ほど市場経済絶対ではありませんでした。

また、緒方は清廉にして剛直で、ジャーナリストらしく筋を通すことを大事にしました。憲法に関しては、第九条について無理な解釈をするよりは、改正してそれなりの再軍備をという考えでした。もし彼が首相になっていたなら、朝日新聞をはじめマスコミも好意的だったはずで、日本の政治地図は根本的に違うものになっていたはずです。

しかし、吉田の後継になったのは、あの**鳩山一郎**でした。鳩山は一八八三年東京生まれで、旧制一高を経て東京帝国大学法学部を卒業。弁護士となりますが、父である和夫の死によって、二九歳でそのあとを受けて東京市会議員に（和夫は代議士と兼任。当時は可能だった）、三二歳で代議士になりました。

その後の経歴はすでに紹介した通りですが、戦争中は軽井沢に隠遁していました。この雌伏の間にヨーロッパ統合思想で知られるオーストリアの思想家カレルギー（日本人との混血）の著書に感銘を受け、「友愛」を唱えて理想主義的な装いを獲得しました。

戦後はＧＨＱに公職追放されましたが、復帰後は吉田政権の対米協調路線や官僚出身者の重用に反対する勢力を糾合して、政権を奪取することに成功しました。

鳩山が大富豪でブルジョワ的なセレブであったことは欠点になりかねなかったのですが、傲慢でやんちゃな貴族という雰囲気を持つ吉田茂が相手だとマイナス・イメージにはならず、むしろアンチテーゼとして国民の人気を獲得しました。「友愛」を看板とするイメージ戦略も成功しました。吉田は秘密主義で、閣僚人事は側近との麻雀の席で決まると噂されたのに対し、鳩山は「音羽御殿は天下の公道」と称し、ジャーナリストの来訪なども歓迎しました。

鳩山は、①ソ連との和平など対米一辺倒の外交の修正、②自主憲法の制定と再軍備、③経済計画の導入、といった吉田とは反対の路線を掲げました。それはまた、自分を追放したアメリカへの意趣返しでもありました。

ソ連との国交回復は、日本にとってはシベリア抑留者という人質をとられていたので緊急を要しました。アメリカとしても、国交回復自体は反対する理由がありませんでした。とはいうものの、北方四島については、日本が安易な妥協をしないように釘を刺しました。

また、鳩山は、憲法については「アメリカから押しつけられたものだから改正すべき」

という考えでした。押しつけだから無効だというならひとつの考え方ですが、単に改正したいだけなら、「押しつけられた」などといってアメリカを刺激する必要はなかったように思います。

ただし、吉田打倒で共闘を組んだ社会党は憲法改正に反対でした。そこで、**鳩山は保守合同によって自由民主党を結成**し、さらに、小選挙区制度を導入しようとしました。ところが、「ハトマンダー（米国政治史におけるゲリマンダーという恣意的区割りにならった命名）」といわれる選挙割りを画策して非難され、断念することになりました。

保守合同で自民党が結成された際、党内で投票すれば議席数が多い自由党党首の緒方竹虎が総裁になり首相となるはずでした。ところが、緒方の急死で鳩山は続投し、一九五六年、日ソ共同宣言をまとめたあとに辞任しました。

アメリカに頼りにされた岸信介と安保改定

一九五六年一二月に行われた自民党における初の総裁公選では、岸信介、石橋湛山、石井光次郎《みつじろう》の三人が立候補し、第一回投票では岸が一位でしたが、二、三位連合の奇手が功を奏して石橋が勝利しました。

ちなみに、この裏で参謀役を務めたのが、石橋内閣で官房長官を務めた石田博英《ひろひで》ですが、石田はのちにソ連の諜報機関であるＫＧＢと深い繋がりがあったことが判明します。石橋は、戦前には東洋経済新報社の主筆・社長を務め、植民地を不要とする「小日本主義」の提唱者でした。第一次吉田内閣の大蔵大臣になりましたが、ＧＨＱと対立し追放されました。復帰後は、第一次鳩山内閣で通産大臣を務めるなどしました。

ところが、石橋は首相就任後に健康を害し、わずか六五日で首相を退陣しました。石橋は、中国との関係打開をしたかったといわれています。しかし、当時は西側陣営のほとんどが台湾の国民政府を支持しており、もし日本が独自の動きをすれば、アメリカとの深刻な対立を生じたでしょうから、実現は難しかったでしょう。

また、石橋は積極的な再軍備論者だったので、左翼陣営との摩擦が深刻になることも十分予測できました。たとえ健康を害さなくても、混乱のうちに短期政権で終わったのではないかと思います。

アメリカは、吉田内閣末期から石橋内閣の時期の日本の政局を非常に心配して見ていました。石橋は、吉田と違って再軍備に積極的なことは好都合でした。しかし、アメリカとの同盟に確固とした継続の意思がないまま、憲法を改正して再軍備を行い、中ソと独自外交でもされたら、それこそ危険きわまりない存在になりますから、気が気でなかったわけです。

とくに、アメリカ議会は中国について神経質でしたから、日本が妙な動きをすれば、経済問題でも黙っていないことが予想されました。そんな中で、**緒方竹虎にかわる期待の星になったのが岸信介（在職一九五七～六〇年）でした。**

岸は、一八九六年、山口県南西部の田布施《たぶせ》町で生まれ、旧制一高、東京帝国大学から農商務省に入りました。のちに農商務省が農林省と商工省に分割され、岸は商工省に配属されました。その頃にドイツに視察に行き、産業合理化運動と呼ばれる同業組合を介した手法を学び、産業政策の確立につとめました。

一九三九年、満州国で総務庁次長となり、帰国後には商工省の事務次官になりましたが、近衛内閣で民間から起用された商工大臣・小林一三《いちぞう》（阪急の創立者。テニスの松岡修造の曾祖父）と対立して解任されました。

東条英機とは満州時代から親しく、商工大臣（のちに軍需省に改組され、東条が大臣を兼ねたので国務大臣兼次官）となりましたが、アメリカ軍が本土空襲の出撃基地としてサイパンを陥落させたのちは、戦争継続不可能として倒閣を策し、成功しました。

戦後、岸は「A級戦犯被疑者」にされましたが、「A級戦犯」そのものではありませんでした。三年半の拘留後、無罪放免されてのちは、民主党幹事長として鳩山内閣の実現につとめ、保守合同のために政治力を発揮して自由民主党の初代幹事長となりました。そして、一九五七年、石橋内閣を引き継いで首相に就任しました。

A級戦犯被疑者とされたにもかかわらず、公職追放解除からわずか五年で首相になったわけですが、これは、アメリカからの信頼を獲得した結果でした。

岸と比較して、鳩山や石橋などの党人派の政治家たちは、確固たる世界外交についての見識もありませんでした。また、東西中立、自主防衛の方向に流れて北東アジア情勢を不安定にさせかねない危険要素もはらんでいました。そんな中で、緒方の急死後は、**見識、人格、西側陣営への忠誠度に優れた岸こそ、信頼に足る唯一の人物だとアメリカも考え始めたのです。**

当時の政治状況からすれば、アメリカから自立するとか、中国やソ連ともアメリカと等距離の関係を築く、といった鳩山や石橋が夢想したかもしれない国際関係は、現実的とも思えませんでした。しかし、吉田のやや極端な対米協調・軽武装路線も、徐々に修正していく必要がありました。

そうした二つの路線の隙間にあって岸が展開したのが、**日米安保条約を改定して「対等（双務的）」の関係とすることと、アジア外交の重視でした。**「空飛ぶ首相」といわれた岸は、就任早々の一九五七年五月、ビルマ（現ミャンマー）、インド、パキスタン、セイロン（現スリランカ）、タイ、台湾を訪れました。インドでは、ネルー首相から「日露戦争の勝利が自分の一生を決めた」といわれ、また台湾では、蔣介石からアジア発展のために日本が積極的に関与することの同意を得るなど、多くの成果を得ました。

その上で、岸は同年六月に渡米してアイゼンハワー大統領と会談し、日米安保条約の見直し協議の同意を取り付けました。安保条約の改定は、鳩山内閣時代にも重光葵《まもる》外相が、「米軍基地の段階的撤去」「第三国の防衛のためにはこれを使えないものとする」などを内容とする提案をダレス国務長官にしていましたが、ほとんど相手にされませんでした。

東条内閣の閣僚だった岸にアメリカが最初から好意的だったはずはないのですが、岸はあらゆる知恵を駆使して、日本の政治家の中で、少なくとも相対的に頼りにしてよいパートナーは自分であることをアメリカ側に納得させたのです。

新しい安保条約の批准に当たっては、激しい反対デモを抑えるために、アウトロー勢力まで動員することを考えました。さらに自衛隊の出動も赤城宗徳防衛庁長官に打診したのですが、赤城から「自衛隊は平和裡に犠牲者を出さずに民衆を鎮圧するようにはできていない」と反対され断念しました。今から考えるとずいぶんと乱暴な岸の発想ですが、当時は現在のような強力な機動隊がなかったので、無理もない部分もあったのです。

そして、**一九六〇年一月、訪米した岸はアイゼンハワーと会談し、新安保条約調印の合意を取り付けます**。アイゼンハワーは、六月に訪日することが決まりましたが、六月一〇日に、訪日の日程を協議するため来日したジェイムズ・ハガティ大統領報道官が羽田付近で反安保のデモ隊に包囲され、海兵隊のヘリコプターで脱出する事件が起きます。

さらに六月一五日には、国会正門前でデモに参加していた大学生の樺《かんば》美智子が圧死する事件が発生して、訪日は中止されました。これ以降、アメリカ大統領の訪日は、一九七四年のフォードの時までなかったのです。

ケネディ大統領と池田勇人の登場

一九六〇年の安保闘争の盛り上がりで、日本では左翼的気分が高まり、アメリカへの反

感も最高潮に達しました。この年は、アフリカ大陸で植民地からの独立が相次いで「アフリカの年」といわれ、またアメリカでは公民権運動が盛り上がり、韓国では李承晩がクーデターで倒されました。ガガーリンが宇宙に飛んだのはこの翌年です。そして、この年、**ジョン・F・ケネディ**が第三五代大統領に選ばれます。

ケネディの父であるジョゼフは、マフィアとも繋がりの深い怪しげな実業家でした。フランクリン・デラノ・ルーズベルトに多額の献金をして、証券取引委員会の初代委員長となり、裏を知る人間として辣腕を振るいました。その後、駐英大使となりましたが、ナチス・ドイツ寄りの姿勢がすぎて失脚したことはすでに紹介しました。

ケネディは、第二次世界大戦に海軍で出征しました。日本との戦いで重傷を負い、英雄として帰還し、一九四六年に政界入りしました。一九五二年、ボストンの名門出身であるヘンリー・カボット・ロッジ・ジュニア（のちに駐南ベトナム大使など）を破って上院議員となって注目を集めました。また一九五六年には、『勇気ある人々』という著作でピュリッツァー賞を獲得しています。内容は、正義のために戦った八人の上院議員の伝記を集めたものでした。

一九六〇年の大統領選では、予備選挙での人気を背景に指名を獲得しました。共和党は、病気がちなアイゼンハワー大統領に代わって代役を務めていた時期も長い副大統領の**リチャード・M・ニクソン**が指名されました。テレビでの討論会では、議論ではニクソン（在職一九六九〜七四年）が優位だったものの、ハンサムな上にテレビ映りを意識したファッションやメイクを心がけたケネディにニクソンは見劣りしました。このことが決め手となり、ケネディが勝利しました。

ケネディの最大の業績は、アメリカのイメージを対外的に改善したことでしょう。西ベルリンを訪問した際の、「私も一人のベルリン市民である（イッヒ・ビン・アイン・ベルリナー）」という名演説は人々に感銘を与えました。また、ニューイングランド出身のカトリックでインテリである彼自身と、フランス系のジャクリーン夫人との組み合わせは、ヨーロッパ大陸の人々から好ましい仲間として歓迎されました。ケネディの登場は、自由主義の反攻のきっかけになったことは高く評価されます。

また、人種差別に反対し、黒人の公民権運動に協力したことは、アジア・アフリカ地域でのアメリカに対するイメージも向上させました。

東京には、日本研究家で松方正義の孫娘を夫人とする**ライシャワー**を駐日大使として送り込みました。この人事は大ヒットでした。ライシャワーは、日米の相互理解のために、

池田勇人首相と会談するケネディ大統領。後列右から2番目はライシャワー大使（共同通信）

いろんな分野で貢献しました。

岸信介のあとの後継首相には、吉田茂のもとで大蔵大臣を務めた**池田勇人**（在職一九六〇～六四年）が選ばれました。政権運営をめぐる密約で、岸の次は大野伴睦《ばんぼく》、その次は河野一郎に禅譲することになっていましたが、ブラックな臭いのする党人派を岸は避けたのです。

池田は、一八九九年、瀬戸内海に面した広島県竹原市の酒造家に生まれ、熊本の旧制五高、京都帝国大学法学部から大蔵省に入りました。しかし、エリート街道まっしぐらではなく、公職追放でエリート組が失脚したのを機に事務次官となり、そのまま政界入りし、吉田茂に大蔵大臣に抜擢されました。

大臣時代には「貧乏人は麦を食え」「中小企業が倒産したり、結果、自殺する人が出ても仕方がない」といった舌禍事件を起こしましたが、総理になると「私はウソは申しません」**「経済のことはこの池田にお任せください」**といった発言で好感を持たれ、国民の信頼を獲得しました。

一九六〇年の安保闘争で国民が分断されたあと首相となった池田は、「寛容と忍耐の政治」を看板にしました。さらに「所得倍増計画」を目玉にしたことは賢明でした。

所得倍増を訴える演説をする池田勇人首相。1963年、大阪で（毎日新聞社）

また、政治・軍事大国への途を選ばず、ＯＥＣＤ（経済協力開発機構）加盟、ＩＭＦ（国際通貨基金）八条国への移行などを実現し、貿易や資本の自由化のための環境整備に全力を注ぎました。**日本が経済大国になれたのは、誰よりもこの池田勇人のおかげです。**

アメリカとしては、安保改定後のアジアで、日本が憲法を改正して、同盟国としてより大きな軍事的負担をしてくれることが望ましかったでしょう。しかし、安保闘争の盛り上がりで、それが日本の保守政権を揺るがしかねないことをアメリカは理解しました。

そうした中で、ケネディ政権のもとでの対日政策は、日本が経済発展して西側陣営の主要先進国となり、市場を開放することが主眼となりました。これに沿って、日本は貿易や資本の自由化を進めましたが、結果的には、日本が貿易立国となる上でより大きな利益を日本にもたらしました。

池田は、経済界の要望もあって中国との貿易を拡大したかったのですが、アメリカから牽制され、日中が双方に民間事務所を置いて、ＬＴ貿易と呼ばれる小規模な取引をするにとどまりました。**当時のアメリカは、ソ連よりも中国を悪質な全体主義国家と位置づけていたのです。**

日韓国交回復と沖縄返還交渉

両者の思惑が一致して比較的に円滑だった池田・ケネディ時代は、一九六三年一一月、ケネディ大統領がテキサス州ダラスで暗殺されたことで終わりました。翌年一〇月の東京オリンピックの直後に池田が病気のために辞任し、そのあとを継いだのは、同じ吉田学校の優等生だった**佐藤栄作**（在職一九六四〜七二年）でした。アメリカでは、副大統領だった**リンドン・B・ジョンソン**（在職一九六三〜六九年）がケネディのあとを継ぎました。**いずれも熟練の政治家で、華々しくはなかったものの日米関係を確固としたものに成熟させました。**

ジョンソンは、一九〇八年、テキサス州中部の農家に生まれ、州議会議員、ワシントンでの議員のスタッフ、下院議員を経て、戦後、上院議員となりました。南部出身というのが不利に働いていましたが、ケネディと補完関係にあったので、副大統領候補に選ばれました。

大統領に就任したジョンソンは、ケネディ大統領の遺志を継ぐとして抜群の政治力を駆使し、人権の向上や社会福祉の充実に成功しました。また、キング牧師と協力する一方、南部の保守派も説得して、公民権法を成立させました。

しかし、やがてジョンソンは、ケネディが始めた**ベトナム戦争**（一九六〇〜七五年）で蟻地獄に落ちます。当時の国防長官は、ケネディに懇願されてフォードの社長から転身した**ロバート・マクナマラ**でした。彼は、数値解析の手法を駆使した経営合理化でビジネスの世界で大きな成功を収めていました。国防長官就任後も、兵器生産の低コスト化などの分野で素晴らしい成果を挙げました。

しかし、ベトナムのジャングルにおけるゲリラ戦や民族主義の情念について、コンピュータは解答を出してくれませんでした。いくら必要な資源を合理的に投入しても効果はなかったのです。当時、フランスの**ドゴール**大統領は南ベトナムの中立化を唱えていました。こうした柔軟な作戦をとるか、それとも果敢な短期決戦をするべきかで、コンピューターがこれ以上のコストを掛ける必要なしとしてはじいた結果に基づく中途半端な軍事行動は常に後手に回りました。

やがて、マクナマラやケネディの弟で上院議員の**ロバート・ケネディ**らが北ベトナムへの空爆の停止を主張し始めましたが、まじめなジョンソンは君子豹変ができず、決断が遅れました。

佐藤栄作は、一九〇一年に岸信介の弟として生まれました。もともと佐藤姓ですが、実家は分家です。海軍軍人だった長兄が実家を、信介が婿養子だった父の実家を継ぎ、栄作は佐藤本家の娘である寛子と結婚して婿養子になりました。寛子の母は、松岡洋右外相の妹です。

兄に比べると学校の成績は悪かったのですが、旧制五高から東京帝国大学法学部、鉄道省と進みました。戦後になって事務次官となり、片山内閣では内閣官房次長に誘われましたが断りました。一九四八年、第二次吉田内閣で議席なしで官房長官となって政界入りし、吉田学校の優等生となりました。

自由党幹事長時代に造船疑獄で逮捕状が出て窮地に陥りましたが、犬養健《たける》法務大臣の指揮権発動で逮捕を免れました。もっとも、これがのちのダーティーイメージの原因となり、最後まで大衆的人気はありませんでした。

池田内閣で通産大臣などを務め、最初から次期首相の最有力候補といわれました。**池田四選に反対して立候補し、善戦したのち、池田の病気退任で後継首相となりました。**

日米関係における佐藤の役割は、佐藤が長期政権を担ったことにより、**自民党の二大派閥が福田赳夫系と田中角栄系に絞られ、自民党内の保守派から反米の牙を抜いた**ことにあったのではないでしょうか。

佐藤は、池田の高度成長路線に疑問を呈し、かわって国威発揚を求め、憲法改正など復古主義にも熱心でした。また、「社会開発」「安定成長」「人間尊重」の重要性をうたいました。

それでも、経済成長は特段の努力をしなくても続きました。慎重な佐藤は、結局、憲法改正も封印し、明治百年を盛大に祝うことでよしとしました。また外交面では、**日韓国交回復**と**沖縄返還**という、左派も歯切れの悪い反対しかできない分野で成果を挙げることができました。

日韓国交回復が可能になったのは、佐藤の粘り強さや人事の巧妙さが活かされたものです。日韓交渉については、吉田内閣時代に李承晩のわがままで決裂したことはすでに紹介した通りです。日韓併合を無効だとか、何の実体もない亡命政権が戦勝国だとか固執する相手とまともな話し合いなど無理なことです。

それが、一九六一年に**朴正熙**政権に代わってやっと真っ当な話し合いが始まりました。もちろん、韓国側も李承晩政権の打ち立てた虚構を否定することは、国内事情からも対北の配慮からもしませんでしたが、日本側の立場も理解していましたし、日本側も相手側の立場を尊重して話し合いをしました。

そうして、曖昧でも支障がないことは呉越同舟として話がまとまりました。

その結果、一九六五年に締結した**日韓基本条約**で、三億ドル相当の無償援助、二億ドルの円有償金、三億ドル以上の民間借款が決まりました。当時の韓国の国家予算は三・五億ドルでしたから、これらはたいへんな額でした。とくに無償にこだわらず、多額の借款を得たことが、その後の韓国経済の発展を支えました。

また、**歴史認識や竹島の帰属問題については、「解決せざるをもって、解決したとみなす」**としたり、文化財の「返還」問題については、日本側では「引き渡し」という表現を用いるなど、両国の賢人たちの知恵が生きました。この交渉の成立にあっては、アメリカ政府の強い後押しがあったことはいうまでもありません。

沖縄返還問題の伏線としては、中国問題がありました。一九六四年の東京五輪の期間中に、中国は核実験に成功しました。これを見て、就任直後の佐藤首相は日本の核武装の可能性をほのめかしたようです。それに対してアメリカは、日本をアメリカの核の傘の下に入れて、中国の脅威から守ることを誓うことで、佐藤に核武装の可能性を諦めさせました。

ただ、暗黙の了解としては、アメリカの核の傘の下に置いてほしいといいつつ、それを公言できない日本政府の立場は矛盾に満ちたもので、現在に至るまでさまざまな問題を生じさせています。

一方、沖縄については、サンフランシスコ講和条約の時にも、国民政府の蒋介石が領土要求はしなかったのですが、最終的な帰属決定には中国（国民政府）の同意をとってほしいと主張していました。一方、北京は米軍基地撤去の期待も含めて、沖縄は日本のものだとして祖国復帰運動を支持していました。

そこで、佐藤は台湾を訪問し、蒋介石に「帰属より米軍基地の方が大事でないか」と説得し、米軍基地の原状維持を条件に口出ししないことの暗黙の了解を取り付けました。

ベトナム戦争で沖縄の基地は格別に重要な役割を果たしていました。**沖縄の返還が実現できたのは、まず、佐藤が積極的にアメリカのベトナム戦争を支持して東南アジアの安定に寄与し、返還後も基地の使用を認めることを約束したことが挙げられます。**また、返還運動の激化で基地が維持できなくなることをアメリカが恐れたことも、結果的に追い風になりました。

そして、一九六七年一一月の訪米における佐藤・ジョンソン会談で、「小笠原を返還する。沖縄の返還について両三年内に合意すること。日本はアメリカの国際収支の改善や東南アジアの安定に尽くすこと」という合意を成立させたのです。

キッシンジャーの対中観の間違い

ジョンソン大統領はケネディの任期を途中から引き継いだので、三選目に立候補することも憲法上は可能でした。しかし、ベトナム戦争の影響で苦しい戦いを強いられました。対抗馬だったロバート・ケネディは選挙戦の中で暗殺されましたが、ジョンソンの人気はますます下がり、かわりに副大統領のハンフリーが民主党から出馬しました。

しかし、アメリカ人は、リアリストの外交家である**リチャード・M・ニクソン**を選びました。ニクソンは一九一三年、カリフォルニア州でギリシャ系の父とドイツ系の母の間に生まれました。ペプシコ社の国際弁護士として活躍し、下院議員、上院議員を経て反共の闘士として売り出し、アイゼンハワー大統領の副大統領となりました。

一九六〇年の大統領選挙でケネディに敗北したのち、カリフォルニア州知事選挙にも敗れて政治生命を絶たれたかに見えましたが、地道な活動を続けて、捲土《けんど》重来《ちょうらい》に成功しました。

ニクソンは、リアリストらしくあまり筋を通すことにとらわれず、実質重視の姿勢を内政外交で徹底しました。とくに外交では、もともと共和党内の対立候補だったネルソン・ロックフェラーの顧問だったユダヤ人学者の**ヘンリー・キッシンジャー**を譲り受け、価値観抜きの勢力均衡による平和維持を目指した外交を繰り広げました。

沖縄については、日本にとって幸いにもジョンソン政権の方針が踏襲されました。ニクソンの不遇時代に、岸信介らのグループが「面倒を見た」ということも助けとなったかもしれません。

そして、一九六九年一一月の佐藤訪米で**「核抜き本土並み返還」**が決定されました。ただしこの裏では、佐藤首相の密使である若泉敬《わかいずみけい》・京都産業大学教授とキッシンジャーらによる秘密交渉がありました。

そこでは、「緊急事態に際し、事前協議で核兵器を再び持ち込む権利、および通過させる権利」を認めることや、日本側による撤収費用負担、日本からアメリカへの繊維輸出の規制などについての覚書が結ばれました。この頃の日本は、**学園紛争**や**七〇年安保問題**、革新自治体の増加といった国内問題を抱えていたものの、ここで一気に問題を解決しないとチャンスを永久に失うかもしれないと考えたわけですし、その判断は正しかったと思います。

ところが佐藤首相は、繊維問題についての約束を迅速に実施せず、このことがニクソン政権の日本への不信感を増大させました。当時の日本は、一九七〇年に**大阪万国博覧会**が開かれるなど、高度成長のもたらした豊かさと世界の一流国として認められた誇りに酔いしれていました。しかし、暗雲はすぐそこまでやってきていました。

一九七一年七月一五日、キッシンジャー特別補佐官が訪中して周恩来首相と会談し、翌年の**ニクソン訪中**について合意したことを発表しました。日本にとってはまさに寝耳に水で、米中の急接近は独ソ不可侵条約の締結以来のショックでした。

そして、八月には金とドルの交換一時停止と一〇%の輸入課徴金実施が発表され（「ドル・ショック」）、一〇月には中国の国連代表権が北京政府に移行、一二月にはスミソニアン合意で一ドルが三〇八円となり、翌二月、ニクソンが訪中しました。

こうして日本は踏んだり蹴ったりの中で、佐藤内閣は支持率を下げ、七月には**田中角栄**が激しい総裁選挙ののち、佐藤が指名した福田赳夫を破って、一九七二年七月、政権につきました。ところが、田中角栄（在職一九七二～七四年）は同年九月（ニクソン訪中の七カ月後）に訪中し、国民政府との断交という要求を受け入れて、**日中国交回復**が実現しました。

キッシンジャーは怒りましたが、抜け駆けという点ではお互いさまです。結局、アメリカものちに同じような条件で米中国交回復をしますが、日米の足取りが乱れたことで中国にうまく乗じられたことは間違いありません。

そして、同年一〇月には第四次中東戦争が始まり、オイル・ショックが訪れます。どこよりも中東にエネルギーを依存する日本は、アラブ寄りの外交を展開し、ますますアメリカを怒らせました。

この頃が日米関係が最悪になった時期でした。当時の意識調査では、日本でアメリカに親しみを持つ人が一八％にまで落ちました。しかし、日本にとって幸運だったのは、ニクソンがウォーターゲート事件で失脚し、一九七四年にジェラルド・R・フォード（在職一九七四〜七七年）が大統領になって、キッシンジャーの主導権が制限されたことです。

フォードのもとで補佐官として活躍したのが、チェイニーやラムズフェルドで、彼ら保守派は中国のような社会主義国を嫌いましたから、相対的に日本を大事にしました。そんな中で、ロッキード社出身で、ニクソン政権の労働長官を務めていたジェイムズ・ホジソンが駐日大使として赴任し、ワシントンに好ましい影響を及ぼしました。

日本では、田中角栄が列島改造やオイル・ショックによる狂乱物価、田中金脈事件の発覚、さらには東南アジア訪問で反日デモに見舞われたことなどもあって健康状態を悪化させレームダック化しました。そして在任の末期には常識的な内政、外交路線に戻っていきました。

こうして日米関係が好転したため、フォード大統領は激しい反対のデモに見舞われることもなく、就任した年の一一月、現職のアメリカ大統領として初めて訪日しました。昭和天皇に拝謁した時に足が震え、「人生でこれ以上の緊張を体験したことはない」と語ったというエピソードは、日本人に大変好感を持たれました。

また、翌年には、**昭和天皇のかねてよりの希望だった訪米が実現しました**。陛下は、そこでの晩餐会で次のような言葉を残しています。

「貴国訪問を念願にしておりましたが、もしそのことがかなえられた時には、次のことをぜひ貴国民にお伝えしたいと思っておりました。と申しますのは、私が深く悲しみとする、あの不幸な戦争の直後、貴国がわが国の再建のために、温かい好意と援助の手をさしのべられたことに対し、貴国民に直接感謝の言葉を申し述べることでありました。当時を知らない新しい世代が、今日、日米それぞれの社会において過半数を占めようとしております。しかし、たとえ今後、**時代は移り変わろうとも、この貴国民の寛容と善意とは、日本国民の間に、永く語り継がれていくものと信じます**」

日米和解の総仕上げとしてまことにふさわしいものでした。

第七章

世界経済の覇権と通商摩擦

日米関係歴史年表〈7〉

※◯で囲んだ数字は、その出来事が起きた月を表す

西暦	元号	主な出来事
1977	昭和52	①カーターが大統領就任②福田ドクトリン発表
1978	昭和53	⑤思いやり予算開始⑧日中平和友好条約調印⑩鄧小平来日 ⑫大平内閣が成立
1979	昭和54	①米中国交回復⑥東京サミット
1980	昭和55	①環太平洋連帯構想を日本が提案⑦鈴木内閣が成立
1981	昭和56	①レーガンが大統領就任⑤鈴木首相訪米で日米同盟で紛糾
1982	昭和57	⑪中曽根内閣が成立
1983	昭和58	①中曽根訪米で不沈空母発言⑪レーガン来日
1984	昭和59	⑨全斗煥韓国大統領来日
1985	昭和60	⑨プラザ合意⑩ペレストロイカ開始
1986	昭和61	④前川レポートが出される
1987	昭和62	⑩ブラック・マンデー⑪竹下内閣が成立
1988	昭和63	⑥リクルート事件が起きる
1989	昭和64 平成元	①昭和天皇崩御。ブッシュが大統領就任 ⑥宇野内閣が成立。天安門事件⑧海部内閣が成立⑨日米構造協議 ⑪APEC発足⑫冷戦終結宣言
1990	平成2	⑨金丸訪朝団⑩東西ドイツ統一
1991	平成3	①湾岸戦争⑪宮沢内閣が成立⑫マーストリヒト条約。ソ連解体
1992	平成4	⑥PKO法案成立⑨アメリカがフィリピンから撤退
1993	平成5	①EU発足。クリントンが大統領就任⑦日米首相数値目標で対立 ⑧細川内閣が成立⑫ウルグアイラウンド成立
1994	平成6	④羽田内閣が成立⑥カーター元大統領訪朝。村山内閣が成立 ⑩日米包括合意
1995	平成7	⑥日米自動車交渉妥結⑧村山談話⑨沖縄で少女暴行事件
1996	平成8	①橋本内閣が成立④普天間返還を発表。クリントン来日
1997	平成9	⑦東南アジア金融危機⑨日米新ガイドライン
1998	平成10	⑦小渕内閣が成立⑪クリントン来日
1999	平成11	①ユーロが発足する
2000	平成12	④森内閣が成立⑥金大中訪朝⑦九州・沖縄サミット
2001	平成13	①ブッシュ(子)が大統領就任③アメリカ京都議定書から離脱 ④小泉内閣が成立⑨9・11事件
2002	平成14	⑨小泉訪朝で拉致問題加熱
2003	平成15	①北朝鮮がNPT離脱③胡錦濤が主席に。イラク戦争 ⑫米国産牛肉輸入禁止
2004	平成16	②自衛隊イラクへ派遣
2005	平成17	④中国で反日デモ⑪ブッシュ来日
2006	平成18	⑤在日米軍再編合意⑨安倍内閣が成立⑩北朝鮮が核実験
2007	平成19	⑨福田内閣が成立
2008	平成20	②トヨタがGMを抜く⑨リーマン・ショック。麻生内閣が成立
2009	平成21	①オバマが大統領就任⑨鳩山内閣が成立。辺野古問題紛糾 ⑩オバマ来日
2010	平成22	⑤辺野古を再確認⑥菅内閣が成立 ⑨尖閣諸島問題。この年に中国がGDP世界二位に
2011	平成23	③東日本大震災⑨野田内閣が成立⑪日本がTPP参加表明
2012	平成24	⑪アメリカ中間選挙で共和党勝利⑫安倍首相復帰
2013	平成25	④ボストン・マラソンでテロ⑨東京五輪開催決定
2014	平成26	③ロシアのクリミア編入④日米首脳「次郎」会談 ⑥IS建国
2015	平成27	④安倍首相米議会演説⑧戦後70年談話⑨安保法制⑩TPP合意
2016	平成28	⑤伊勢志摩サミット⑪アメリカ大統領選挙

東京サミットに出席したカーター大統領

「首脳外交」という言葉がありますが、各国のトップ同士が会談を定期的に行うという習慣は実はたいへん新しいもので、フランスに起源があります。一九六〇年代のフランスのドゴール大統領と西ドイツのアデナウアー首相によるものが始まりで、以後、仏・独首脳は一カ月に一度くらいのペースで会談をしています。

多国間による首脳会談は、やはりフランスの**ジスカールデスタン**大統領による発案です。「ヨーロッパ理事会」といわれる首脳会議が不定期に開催されていたのを、ジスカールデスタンが一九七四年に定例化を提案し、翌年一一月のダブリンでの会合から実施されました。

さらに、ジスカールデスタンは仏・米・英・西独・伊・日による**第一回先進国首脳会議**を同じ月にパリ郊外のランブイエ城で開催しました（ランブイエ・サミット）。日本からは三木武夫首相（在職一九七四～七六年）、アメリカからはフォード大統領が参加しました。そして、一九七九年には東京で第五回のサミットが大平首相の主宰で開催され、アメリカから参加したカーター大統領が、六本木の焼き鳥屋に出没したことが話題になったりしました。

こうした流れと、ドルを基軸通貨にした経済体制の破綻の中で、**日米関係もマルチ（多国間）交渉の中に組み込まれていくことになります。**

ジミー・カーター大統領（在職一九七七～八一年）はジョージア州の出身で、ピーナッツ農場主、ジョージア州知事などを経て一九七六年の大統領選挙で当選しました。前任のフォード大統領は誰からも好かれましたが、ニクソンに恩赦を与えたことで人気が急落し、カーターに敗北しました。カーターは敬虔なクリスチャンで、キリスト教至上主義者が政治的な力を持ったのはこの頃からです。

カーターはブレジンスキー補佐官の助言に従って、人権問題を梃子にソ連を攻撃し、一九八〇年のモスクワ五輪はソ連のアフガン侵攻を理由にボイコットしました。また、中国との国交回復も対ソ戦略の一環として行いました。

カーターが就任した時の日本の首相は**福田赳夫**（在職一九七六～七八年）です。三木武夫が、田中角栄のロッキード事件の追及で「はしゃぎすぎて」自民党内からの反発を買って退陣に追い込まれ、福田が就任しました。

福田政権の二年間で大きな成果を挙げたのは外交です。福田は田中角栄が失敗した東南アジア外交の再建のために、マニラで**「福田ドクトリン」**を発表し、①軍事大国とならず東南アジアと世界の平和と繁栄に貢献する、②経済力にものをいわせるのでなく心と心の触れ合うような信頼関係を醸成する、③ASEANの連帯と強靱性強化に協力するとともにベトナムなどとの相互理解により東南アジア全域の平和と繁栄に寄与する、としました。

この福田ドクトリンは、若い頃に汪兆銘の財政顧問だった福田が、大東亜共栄圏構想のよいところを残しつつ、反省の上に立って構築したものというとらえ方をすると面白いと思うのですが、これは内外で好評を博しました。あわせて**日中平和友好条約**を締結に持ち込んだことで、日本のアジア外交は安定しました。また、サミットにおいても、その見識と語学力から各国首脳から敬意を勝ち得ました。福田は旧制一高でフランス語の大秀才といわれ、英仏に勤務経験もありました。

こうして福田外交は大きな成果を挙げたのですが、もともと大平正芳に二年で禅譲するという約束でした。しかし福田はこれを破ろうとして自民党総裁選挙の予備選挙で大敗し、**大平正芳**（在職一九七八〜八〇年）が政権につきました。

大平は香川県生まれで、東京商科大学（現・一橋大学）から大蔵省入りし、池田勇人が蔵相の時に秘書官を務めたのち政界入りしました。池田内閣の官房長官、外相として手腕を発揮しました。田中内閣の時にも外相として日中国交回復の立役者として活躍しました。

幹事長時代には、来日した**鄧小平**との会談で、「日本が戦後復興から高度経済成長に至るまでとったような正しいプロセスを踏んでいけば、中国経済は二〇年でGDPを四倍にできるだろう」とお墨付きを与えました。鄧小平は改革開放路線を自信を持って進めることができ、**中国で大平は恩人として大変感謝されています**。

アメリカとの関係でも、日本人嫌いといわれるキッシンジャーからすら「約束した以上のことを常にしてくれた」と例外的に高い評価を受けました。政権についてからも、大平は大胆な決断で、モスクワ五輪ボイコットやイラン制裁などでアメリカと歩調を合わせ、アメリカを助けました。

そして、訪米の際には「同盟国」という表現をあえて使いました。今では当たり前のこの言葉が、その頃はまだいいにくい時代だったのです。また大平が提唱したアメリカも含めた**「環太平洋連帯構想」**は、のちのAPECやTPPに繋がっていきます。

しかし、大平は政争の中で急死します。葬儀にはカーター大統領も列席しました。その後継者には、それまでの首相とは知力や経験において明らかに見劣りする鈴木善幸（在職一九八〇～八二年）が就任しました。これが悪い前例となって、日本ではそこそこのベテラン政治家なら誰でも首相になりたがるようになり、首相候補の質は明白に劣化しました。

「ロン・ヤス」時代と日米貿易摩擦

アメリカでは第二次オイル・ショックのために不況下のインフレとなり、その解決法として「レーガノミクス（レーガノエコノミクス）」を提案した**ロナルド・W・レーガン**が、カーターを破って大統領に当選しました。

レーガンはイリノイ州でアイルランド系の家庭に生まれました。父はカトリックですが、母の原理主義的プロテスタントに入信しました。ハリウッドで中堅どころの俳優として活躍し俳優組合の代表を務めたのち、カリフォルニア州知事に当選しました。

レーガノミクスと呼ばれた生産側（サプライサイド）重視の経済政策は、小さな政府と自由放任を掲げてインフレと高失業率に苦しむ経済を刺激しようとしたものでした。党内対立候補のジョージ・ブッシュ（父）から「呪術経済政策（ブードゥー・エコノミー）」といわれましたが、閉塞感に陥っていたアメリカ国民はそれに賭けました。

ＣＩＡを縮小したあげくイラン大使館占拠事件が起きるなど、カーター政権が無力ぶりを発揮したあとだけに、ソ連を「悪の帝国」と呼んで対決を鮮明にしたレーガンは新鮮でした。

レーガンの八年間は功罪いずれも大きく、総合点をどうつけてよいか難しいところです。ソ連に軍拡競争をしかけて経済的に破滅させ、ゴルバチョフのペレストロイカを支援してソ連を崩壊に追い込んだのは功績といえます。アメリカ人の自信を取り戻させたという心理面での功績もあります。

しかし、**アフガニスタンのタリバン、サウジアラビアのビンラディン、イラクのサダム・フセインは、「敵の敵は味方」の発想で文字通りレーガンが支援し育てたものです。**また、中南米でチリのピノチェトに代表される悪質な独裁者を擁護したために、その反動で極左的な勢力を勇気づける結果になり、さらに中国も甘やかしました。アメリカ経済の活性化には成功しましたが、財政赤字と貿易赤字を増やしました。

日本では、鈴木善幸首相が就任早々、「日米同盟」という言葉をレーガンとの共同声明に盛り込みました。ところが、帰国後に「軍事的な意味合いを持つものではない」と発言し、これに反発した伊東正義外相が辞表を提出しました。のちに、後任者の中曽根首相は「私が登板した時の日米関係は九回ツーアウト満塁だった」といって物議をかもしましたが、この分析は間違いではなかったといえます。

中曽根康弘（在職一九八二～八七年）は、群馬県高崎市の豊かな材木商の家に生まれ、旧制静岡高校（現・静岡大学）を経て東京帝国大学法学部で学びました。一九四一年に内務省入りしましたが、ただちに海軍経理学校にまわりました。

戦後は内務省に復帰したものの、一九四七年に代議士に当選し、「緋縅《ひおどし》の鎧《よろい》を着けた若武者」と注目されました。首相公選論でも知られましたが、政治資金をめぐるスキャンダルも多く、佐藤内閣になってからようやく主要ポストを歴任するようになり、派閥の領袖になりました。

中曽根の評価ですが、外交に関する限りは満点といってよかったと思います。もともと大学ではフランス語を第一外国語とし、ドゴール将軍を尊敬すると公言していましたが、総理としてはアメリカとの信頼関係が不可欠であることをよく理解していました。「日本は米国の浮沈空母だ」とリップサービスするなど、レーガン大統領とお互いに愛称で呼び合えるような「ロン・ヤス」関係を築きました。また英語とフランス語ができることを武器に、ミサイルの配備などでぎくしゃくしていたレーガンとミッテラン・フランス大統領の話し合いの仲介までし、サミットでも日本の首相としてはかつてない存在感を示しました。また、中国の**胡耀邦**《こようほう》や韓国の**全斗煥**《ぜんとかん》との関係も良好でした。

防衛については、防衛費のGDP一％以下原則や武器輸出の柔軟化、役割分担の強化などで、アメリカ側もいちおう満足できる進展がありました。

一方のアメリカでは、レーガンのもとで財政と国際収支の双子の赤字が拡大し、産業の競争力は弱くなりました。おまけに、レーガンは当初、強いドルにこだわったので状況は悪化し続け、ようやく一九八五年のG5（先進五カ国蔵相・中央銀行総裁会議）でドル高是正のためのプラザ合意がなされました。

レーガン政権は、貿易赤字などが減らないのは、相手国の市場が不公正なものだからというアプローチを重視しました。とくに**「日本異質論」**が盛んになり、日本に対して個別分野ごとに市場開放の結果を出すように迫りました。

一九八八年、アメリカで**「スーパー三〇一条」**という法律条項が制定され、不公正な貿易慣行などを有する国を通商代表部（USTR）が特定して交渉し、改められない場合には報復措置をとるという内容が盛り込まれました。

日本はスーパーコンピューター、人工衛星、木材加工品の三分野が「不公正」と特定され、事実上大きな譲歩を強いられました。大問題になったのは自動車で、日本は輸出を抑制し、アメリカでの現地生産を始めざるを得なくなりましたし、日米半導体協定で事実上数値目標に近い対日市場アクセスを飲みました。

しかし、こうした**アメリカとの軋轢が生じた半面、アメリカにおいて日本への関心が高まったことは事実です。**円高を背景に日本からアメリカへの投資や留学生が増えたことは、両国の絆を深める上で大きな財産となりましたし、牛肉などがアメリカから安く輸入され、庶民の口に入るようにもなりました。問題は、むしろ日本が高い食品価格を守ることとの代価として、競争力のある産業分野での譲歩を強いられたことでした。これは現在のＴＰＰ問題でも変わらず続いていることで、本当に馬鹿らしいことです。

湾岸戦争で日本の貢献の不在が糾弾される

レーガン人気は二期の任期を終えても衰えず、民主党はレーガンの意外な成功を前に混乱していました。レーガンはその政権下で隠忍自重《いんにんじちょう》していた副大統領の、**ジョージ・ハーバート・ウォーカー・ブッシュ**を後継者に指名しました。典型的なＷＡＳＰの出身です。父は実業家として成功し、コネティカット州から上院議員に選出されていました。

ジョージ・ハーバート・ウォーカー・ブッシュ（在職一九八九～九三年。以下、ブッシュ（父）と略称）はテキサスでの石油ビジネスに成功し、下院議員、共和党全国委員会議長、国連大使、中国への特命全権公使（米中連絡事務所長）などを歴任しました。申し分ない知力と経歴を備え、ＣＩＡ長官や危機委員会評議員などの職を歴任しました。保守的で人柄も立派でしたが、テキサスの荒々しいビジネスの中で怪しげな友人を多く抱えていたのも事実です。

その外交的成果としては、ソ連を崩壊に追い込み、東欧を解放し、ドイツを統一できたことが挙げられます。ただし当時のヨーロッパには、ドイツのコールとフランスのミッテランという優れた指導者がいましたから、ブッシュ（父）は場違いな発言が続くイギリスのサッチャーをなだめているだけで十分だったのです。

また、アメリカ、メキシコ、カナダによる北米自由貿易協定（ＮＡＦＴＡ）の署名に成功し、アメリカにとって宿痾《しゅくあ》ともいうべきメキシコとの関係をそれなりに安定させました。

イラクのクウェート侵攻を受けての湾岸戦争は、国連の同意を取り付けた上で、その枠内で、レーガン政権下で強化された圧倒的な軍事力によって短期で勝利しました。ただ、国連の枠内という制約が、結果的にフセイン政権の存続を許してしまいました。このことをどう評価するかは微妙です。

経済については、レーガン時代に三倍に増えた政府債務を受け継いだので、増税はしないとの選挙公約を破らざるを得ませんでした。さらに、不況になったため失業手当などの福祉支出を増やし、共和党内の支持を失いました。そして、再選のための選挙で、対立候補のビル・クリントンに「要するに経済だよ、馬鹿め」などとこき下ろされて沈没する原因になりました。このように、**ブッシュ（父）は、良くも悪くもレーガンの遺産に振り回された格好でした。**

ブッシュ（父）の四年間の任期中、日本では、なんと竹下《たけした》登《のぼる》（在職一九八七〜八九年）、宇野《うの》宗佑《そうすけ》（在職一九八九年）、海部《かいふ》俊樹《としき》（在職一九八九〜九一年）、宮沢《みやざわ》喜一《きいち》（在職一九九一〜九三年）と四人の首相が回転ドアのように登場しました。

当時の日米関係に大きな傷を残したのが、湾岸戦争への対応でした。日本はハト派的な心情だけは持つ海部首相のもとで傍観者的にふるまい、支持声明も遅れ、当然ながら派兵も後方支援も行えず、一三〇億ドルを拠出したのも遅きに失しました。「あまりにも遅すぎ、あまりにも少なすぎ」といわれたのはこの時です。

これに懲りて、宮沢首相の時に**ＰＫＯ（国連平和維持活動）法案**が成立し、限定的に海外へ自衛隊を出せるようになったのは一九九二年のことです。

こうした処理について、「弱い」総理を叱咤して実現にこぎつけたのは、自民党幹事長だった**小沢一郎**ですが、そもそも、「軽くてパーがいい」とかいって軽量級の総理をたらい回しにして決断ができない状況をつくったのは小沢本人ですから褒められたものではありません。

経済については、**日本経済のバブルの発生とその崩壊**について述べておく必要があります。

戦後、ヨーロッパ諸国では社会保障の充実をはかり「大きな政府」になりました。しかし、日本では家族や地域による相互扶助に頼ったこともあり、社会保障は遅れ気味で平均寿命すら見劣りしていました。

ところが一九六〇年代から福祉充実は急速に進み、田中角栄内閣の頃には、制度的にはほとんど西欧並みになりました。それに伴う税制改革は遅れていましたが、高度成長は当面続くだろうから、あとの世代がなんとかしてくれるだろうという方針で、別に政府が秘密にそうしていたのでなく社会的コンセンサスでもありました。

ところが、オイル・ショックで成長が鈍化してこのシナリオは成り立たなくなりました。また、当時の税制は所得税と法人税に頼りすぎで、資産課税や消費課税が弱い、いびつで逃げ道の多い税制でした。そこで、大平内閣の時に一般消費税の導入と名寄せ（同一名義の預金をひとまとめにして計算すること）をするためのグリーンカード制の導入をはかったのですが、反対は激烈でした。

そこで、鈴木内閣は中曽根康弘を担当大臣に、土光敏夫《どこうとしお》を第二次臨時行政調査会の会長にして**「行政改革」**を開始し、「増税なき財政再建」を目指しました。また、民営化や民間資本の活用も始まりました。もちろん、一国にとって行政改革は不断に必要ですし、この頃は世界的ブームでもありました。

しかし、福祉国家の実現は低負担では無理です。結局そのための負担がかさんで将来を見据えた投資もできず、安直な国有財産の処分も続きました。そして、円高不況の中で低金利政策をとったことから金余りが生じ、しかも中曽根首相が地方分散政策を放棄して**東京一極集中容認路線を打ち出したので、東京都心の地価が暴騰し、そこからバブル経済になりました。**

バブル期の地価高騰は、田中角栄の「列島改造」の時のように全国で地価が上がったのでなく、東京都心を中心に暴騰し、それが郊外や関西などに波及しただけだったのが特徴的でした。

こうしたバブル現象の発生に対し、これを土地取引規制などで抑えるべきところを、大銀行は貸出先が増える、大蔵省は税収が増える、東京都は人手が足りない、という理由で放置したのです。さらに当時は、地価は信用の基礎となるものなので、いったん上がったら落としてはいけないとまでいわれました。

のちに竹下内閣はなんとか消費税の導入に成功しましたが、グリーンカードは放棄されました。また、産業界の競争力強化など、将来ともに必要ないものと思われていました。バブルはいつかはじけると、当時通産官僚だった私はいい続けていましたが、それを認める人は少数でした。そして、**一九九〇年、ついにバブルは崩壊しました。それから、日本は暗黒のトンネルに入ったままです。**

クリントン時代の経済復興

ビル・クリントン（在職一九九三〜二〇〇一年）は、ベトナム戦争中は徴兵忌避のためか英国に留学し、反戦運動にも参加していました。

その後、政治のキャリアとしてはアーカンソー知事の経験しかない無名のクリントンが大統領候補に浮上したのは、ひとつは、湾岸戦争に勝利した現職大統領のブッシュ（父）と戦うのは不利だとして有力者が立候補を尻込みしたことと、予備選挙を行う州が増えて立候補者のイメージが重要な選挙になったことが挙げられます。若いクリントンは新鮮な感覚で老練なブッシュを見事に色あせた存在に見せてしまいました。

大統領時代のクリントンの外交は、一言でいうと生ぬるいものでした。成果としては、中東における**オスロ合意**でイスラエルのラビン首相とPLO（パレスチナ解放機構）のアラファト議長による和平協定（パレスチナ暫定自治政府協定）を結ばせたことと、ボスニア・ヘルツェゴビナ和平協定締結に成功したことぐらいです。

経済政策については、グリーンスパンFRB議長との協力のもとに、二期八年間の全四半期で経済成長を記録し、財政均衡を達成しました。もともと自由貿易に消極的なことが伝統の民主党でしたが、クリントンはブッシュ政権が結んだNAFTAの批准を支持するなど、「第三の道」ともいうべき中道路線を採用しました。

またクリントンは、民主党が伝統的にターゲットにしてきた下層の救貧よりも、これまで上下の谷間になって忘れられてきた中間層の底上げをはかり、歓迎されました。また、

ＩＴ産業や金融など新しい産業に好意的だったことは、経済成長に寄与しました。
クリントンの任期中の日本の首相は、宮沢喜一、細川護熙《もりひろ》（在職一九九三〜九四年）、羽田孜《はたつとむ》（在職一九九四年）、村山富市《とみいち》（在職一九九四〜九六年）、橋本龍太郎（在職一九九六〜九八年）、小渕恵三《おぶちけいぞう》（在職一九九八〜二〇〇〇年）、森喜朗《よしろう》（在職二〇〇〇〜〇一年）の七人です。

　ブッシュ（父）時代の一九八九年は天安門事件の年であり、ＡＰＥＣ（アジア太平洋経済協力会議）発足の年でもありました。この時以降クリントン政権の前半あたりまでは、欧米が中国に対して比較的厳しい態度を示し、日本が弁護するというパターンでした。**当時の日本のスタンスは、中国の経済発展は世界経済のためにも中国人のためにもなるし、性急な民主化でもたらされる無秩序よりはベター、というのものでした。**ＡＰＥＣやＷＴＯ（世界貿易機関）への中国の参加についても、日本の方が欧米より前向きでした。中国に多国間協議の中で居場所を与え、リーズナブルな発言をするように仕向けていけばよいという発想でした。

　一方、経済については、ブッシュ（父）時代に**「日米構造協議」**というかたちで、日本の構造的問題を協議し、改善の方向を見いだしていく方針で取り組んでいました。これに対しクリントンは「結果重視」を主張しました。そして、日米包括経済協議などの市場開放に関する分野別の協議の場で、公約にはしないとの条件付きで数量指標を導入させました。

また、一九九五年には**「日米自動車問題」**が起き、アメリカは、米国車や部品の輸入の数値目標の設定を日本に要求しました。しかしこうした主張は、フランスなどヨーロッパからもＷＴＯの原則を揺るがすルール違反だとする反対論が出て、日本はなんとか凌ぎきることができました。

また、一九八六年に締結され、一九九一年に延長されて数値目標の悪《あ》しき前例になっていた日米半導体協定は一九九六年に失効し、日米の貿易摩擦はいちおう終息しました。

しかし、これは、中国が台頭するとともに、天安門事件以降の悪感情がアメリカから消えて、**米中関係がアメリカにとって主たる関心事になった結果**でもありました。したがって、喜んでいいことだったのかどうか、何ともいえないところです。

安全保障については、一九九二年のＰＫＯ法案の可決ののち、細川政権が国内世論向けの人気取りから「アメリカにノーといった」と不用意な発言をしたため、いったん冷却化しました。しかし、社会党出身の村山首相が日米安保体制堅持を明確にしたことは、日米関係に非常な安心感を与えました。

それに続く橋本政権は、ロシアや欧州との関係強化も目指す一方で、アメリカと防衛問題で堅実な前進をはかりました。この頃、沖縄で米兵による少女暴行事件があり、島ぐるみの大闘争が起きましたが、橋本は辛抱強く調整にあたり、**基地協定の見直しや普天間基地の辺野古《へのこ》移転などに取り組みました**。この橋本政権や小渕政権の時代は沖縄への配慮がきわだっていました。その集大成が森喜朗政権の時の「九州・沖縄サミット」の開催（二〇〇〇年）でした。

イラク戦争と「小泉・ブッシュ」蜜月の真相

ジョージ・ウォーカー・ブッシュ（在職二〇〇一～〇九年。以下、ブッシュ（子）と略称）のように、親子で大統領になった例は、アダムズ親子とブッシュ親子だけです。コネティカット州に生まれ、家族とともにテキサス州に移り、イェール大学で学び、さらにハーバードで経営学修士（ＭＢＡ）を取得しました。ＭＢＡの称号を持つ初めての大統領です。

投資家グループとともに米大リーグチームのテキサス・レンジャーズの共同経営者になり大成功し、テキサス州知事となりました。二〇〇〇年の選挙ではゴア副大統領と、弟のジェブが知事を務めるフロリダ州での開票で最後まで争い、不正も噂される疑わしい勝利を手にしました。

この民主党の敗北は、クリントンが「モニカ・ルインスキー事件」などの不倫スキャンダルに巻き込まれ、リベラルはうさんくさいという印象を与えたのが大きかったと思います。

ブッシュ（子）就任の年に、アメリカで**「九・一一同時多発テロ」**が起きました。首謀グループのアフガニスタンのアルカイーダを叩いて親タリバン政権を倒したところまではよかったのですが、亡命者からの虚偽の情報に踊らされ、大量破壊兵器の存在を信じて**イラク戦争**を始めてしまいました。戦争そのものには勝利してフセインを処刑したものの、戦後処理を誤って泥沼に陥りました。

小泉純一郎首相（在職二〇〇一〜〇六年）はいち早くイラク戦争支持を表明し、ブッシュ大統領から感謝されました。さらに、**イラク復興支援特別措置法制定、ＰＫＯの派遣**など、やれる範囲のことは考えられる最大のスピードで行ったことは評価してよいと思います。

ただし、アメリカに対して、無謀な戦争はやめろとか、イラク占領政策を日本占領政策の検証を踏まえて進めるようにといった日本独自の提案ができていればもっとよかったと思います。しかし、日本からは自衛隊を派兵せず、占領政策に多人数のスタッフを送り込む気もないわけですから、それをいっても説得力はなかったでしょう。「口を出すなら派兵や危険地域への文民も出せ」といわれるのが関の山です。

小泉首相の北朝鮮への電撃訪問は、小泉がブッシュ大統領から得ていた信頼なくしては困難だったでしょう。小泉訪朝についてはいろんな評価がありますが、「一部の拉致被害者はすでに亡くなっている」と聞いたあと思考停止に陥ったことは理解できません。その真偽はともかく、北朝鮮のそうした言質は少なくとも十分にあり得る事態として準備しておくべきでした。いずれにせよ、二度の訪朝で三家族の帰国を実現したのち、すべてのドアは閉ざされてしまいました。それ以降、直接交渉を避けて六カ国協議の他のメンバーに交渉を頼んでいるようでは、空しく結果が出ないのは当然のことです。

小泉政権下の日米経済摩擦の中で意外に深刻だったのは、**牛肉のBSE感染問題**でした。米国産牛肉に対する日本国内のヒステリックな拒絶は、米国民の対日イメージにはか

日本の首相として初めて米議会で演説する安倍首相。2015年（共同通信）

なり大きなマイナスでした。小泉首相は、道路公団や郵貯といったたいしたことのない相手には勇ましく戦いましたが、農業問題や社会保障改革といった手強い相手には勇気の片鱗も見せなかったのです。

また、**小泉首相の靖国参拝に起因する日中関係の悪化は、アメリカに歓迎されませんでした。**クリントンの二期目の初期に江沢民が訪米し、中国が第二次世界大戦の同盟国であったことをアメリカ国民に想起させました。また、南京事件をめぐるかなり組織的な日本叩きがアメリカ世論を意識して行われました。アメリカ自身が靖国参拝を問題にするとは思えませんが、そのことで日本が中国の間で争いを起こした場合に日本が得をすることはまずないわけで、その意味で小泉首相の挑発行為は馬鹿げたことでした。

一方、韓国ではブッシュ（子）の任期と盧武鉉《ノムヒョン》大統領の任期がほぼ重なっていましたが、盧武鉉は極端な反日・反米路線をとり、アメリカ政府に日本を仮想敵国にしようと持ちかけて、のちに当時の国防長官から「頭がおかしいのではないか」と回顧録に書かれました。しかし盧武鉉の反日路線は、米国政府からは相手にされなかったものの民主党リベラル派からは一定の理解を引き出し、それがのちに米下院での**慰安婦問題**についての非難決議に繋がります。

奴隷制廃止150年を記念する米議会行事で演説するオバマ大統領。2015年（共同通信）

小泉首相の後継首相となった**安倍晋三**（在職二〇〇六～〇七年）は、対米協調を続けるとともに、対中関係も小泉時代よりは改善し、順調な滑り出しを見せましたが、翌年の参議院選挙で敗れてねじれ国会となり、健康を害したこともあって一年で退陣しました。

そののちの福田康夫内閣（在職二〇〇七～〇八年）では、民主党の妨害でテロ対策特別措置法が失効し、インド洋での米軍への給油が中断して国家としての信用を著しく傷つけました。

二〇〇八年の**リーマン・ショック**が起きたのは、ブッシュ（子）の後任を選ぶ大統領選挙の最中で、日本では麻生太郎（在職二〇〇八～〇九年）が首相でした。リーマン・ショックについては、ブッシュ政権にも責任の一端がありますが、発生後の対応策は比較的落ち着いたまずまずの対応だったと思います。

そして二〇〇九年、アメリカでは**バラク・オバマ**（在職二〇〇九年～）が就任し、日本では**民主党政権**が誕生しました。

二期目の始まった年の一二月には第二次安倍内閣が発足しました。そのオバマの八年間を振り返るとともに、全体の結語をエピローグでは論じます。

エピローグ

安倍政権とオバマの日米新時代

世界を熱狂させた黒人大統領の誕生

オバマ大統領が誕生した二〇〇八年の大統領選挙における絶対本命は、選挙の前年まではヒラリー・クリントンであり、共和党で対抗馬となり得ると見られていたのは、ニューヨーク市長として九・一一連続テロ事件で大活躍しリベラル層にも人気のあるジュリアーニでした。

ところが、**金持ちで傲慢なヒラリーへの反発から**、二〇一二年以降のホープでしかなかった若手上院議員で、アフリカ系のオバマが新鮮だとして急浮上しました。

共和党ではクリントンの失速がジュリアーニの失速に繋がり、保守派の中ではまともなマケイン上院議員におさまりましたが、女性を副大統領候補にと思って指名したアラスカ州知事のペイリンの経験不足が際立ちすぎて沈没してオバマが当選しました。

アフリカ系といっても、大多数のアメリカの黒人が西アフリカ出身の女性の奴隷を先祖とするのに対して（奴隷主が父親というケースも多く、第三代大統領のジェファーソンも奴隷との間に子供を複数もうけています）、オバマはケニア人留学生とハワイの白人女性学生が結婚して生まれた珍しいケースです。

この父親は離婚して帰国してしまい、母親はインドネシア人と再婚したのでオバマはジャカルタで育ち、のちにハワイに帰り、コロンビア大学やハーバード大学で学んで弁護士となりシカゴで働いていました。

オバマは理想を美しく演説で語り、聴衆を陶酔させることにかけては並ぶ者がありません。**その思想の基調は正統派のリベラル**で、国際的には常識的ですが、アメリカでは中心線から左よりすぎて支持基盤、とくに議会でのそれが不安定です。

国民皆保険を目指した**オバマ・ケア**の創設は最大の功績ですが、もう少し政治力があればもっとよい制度になっただろうと惜しまれます。

また、マスメディアの反応に敏感すぎて確固たる決意に欠けますし、外国の指導者や国内の有力政治家に対する交渉力がなく、うまくいかないと嫌って避けてしまい、世界の指導者との協力はあまりうまくいきません。

ノーベル平和賞はもらったが

とはいえ、アメリカ初の黒人大統領の誕生は世界で熱狂的に迎えられました。プラハでオバマは「アメリカ合衆国は、核兵器のない世界の平和と安全を追求する」と叫んだだけで何の成果も出ていないのに、ノルウェーは彼にノーベル平和賞を進呈してこの賞の権威を下げてしまいました。

ＣＩＡによる不法拘留や拷問で悪名高い**グアンタナモ**（キューバ）の米軍の閉鎖方針を発表しましたが、いっこうに実現されず、また、テロの横行で不人気な政策になりました。

イラクからの完全撤退を公約として実現しましたが、明らかに時期尚早で、**ＩＳ（イスラム国）**が第二の都市モスルなどを占領し国家に近いものに成長するきっかけをつくりました。

リビアではキャメロン英首相とサルコジ仏大統領の功名心に乗せられてカダフィ大佐を除去するのに協力しましたが、あとに残ったのは無政府状態でした。エジプトでは原理主義者であるイスラム同胞団の政権奪取をあと押ししましたが、アメリカの同盟国であるサウジアラビアのあと押しですぐに軍事クーデターが起き、シリアもアサド打倒を狙ったものの内戦で国家が崩壊状態になっています。そして西ヨーロッパの理想主義に無批判に付き合って、**シリアからの難民問題**で大混乱を引き起こしています。

ウクライナでは反ロシア政権のクーデターを支持した結果、ロシアのプーチン大統領の虎の尾を踏んだ感があり、クリミア併合や東部の親ロシア政権の掌握という結果になりました。

中国に対して、初めに確固たる決意を示さなかったので、**南沙諸島**（スプラトリー諸島）の基地建設など手遅れになるまで放置し、今になって慌てて対決姿勢を示していますが、いったん建設されてしまうと、解決は容易ではありません。**イランやキューバとの和解**は明るい話題ですが、それが吉と出るか凶と出るかは未知数です。

鳩山政権の迷走と普天間基地移転問題

日本では、オバマ政権が発足した同じ年の九月に**鳩山由紀夫**（在職二〇〇九～一〇年）を首班とする民主党政権が誕生しました。鳩山政権は総選挙の過程で**米海兵隊の普天間から辺野古への移転問題**について「最低でも県外」と安易に約束してしまいました。

沖縄に基地が集中し、本土の他都道府県が自分たちでも分担するという姿勢を示さないことは道義的に許されないことは確かなのですが、長い積み重ねの中でとりあえずの解決策としてきた辺野古移転方針はガラス細工のようなもので、これを安易に覆した場合の混乱を甘く見た鳩山首相の大失策でした。

この問題について鳩山は、オバマに「トラスト・ミー」と混乱回避を約束しながらリップ・サービスで終わらせたので、アメリカ政府の信頼を全く失いました。鳩山首相は辞める前には辺野古への移転の方針に立ち戻りましたが、首相辞任後は官僚にだまされたとか元首相にあるまじき開き直りをして**日米関係に〝自爆テロ的攻撃〟を繰り返しています。**

そもそも鳩山家は祖父の鳩山一郎が戦前に軍国主義の台頭にもっとも積極的に手を貸していたのが原因で公職追放に遭って以来、反米のためならなんでもやってきました。その中には、押しつけ憲法だからというので自主憲法制定をするというものや、ソ連や中国と結ぶというものもあります。

鳩山や小沢一郎の側近には、日米中が正三角形の関係になるべきという政治家もいましたが、同じ民主主義国であり同盟国でもあるアメリカと、一党独裁の全体主義国であり緊張した関係にある中国を同列に扱う神経は理解できません。

たしかに、正三角形というような時代が来るのは夢ですが、それは少なくとも中国が欧米的な民主主義国家になり、それが定着したあとのことです。

しかし、一方でアメリカは日本が中国と紛争を起こすことを望みはしません。その意味で、**菅直人**政権（在職二〇一〇～一一年）の頃から**尖閣諸島**の問題で民主党政権が勇ましい態度をとり続けたのは、アメリカにとって迷惑なことでした。ただし、東日本大震災の際にアメリカ軍が**「トモダチ作戦」**と称して救援に大活躍したことは、国民の対米感情を大いに好転させせました。

そして**野田佳彦**首相（在職二〇一一～一二年）は、アメリカとの関係を重視する姿勢はきちんと示しましたが、外交術が稚拙で、中国や韓国と無意味に緊張を高め、とくに**尖閣諸島の国有化**は、中国の大反発を招きました。

こうして民主党政権に国民が失望してきたのち、総選挙が行われ、安倍晋三元首相（在職二〇一二年～）の再登板ということになりました。

安倍首相の米議会演説こそ新時代の出発点にふさわしい

安倍首相とオバマ政権の関係の滑り出しはそれほど良好でもありませんでした。とくに安倍首相が**「戦後レジームからの脱却」**ということを唱えたことは、アメリカ的な価値観とか歴史観に挑戦するものととらえられかねない要素がありました。

また、この頃は欧米の中国に対する警戒感がまだ十分ではありませんでした。中国が経済発展ののち急速に民主化を進めるだろう、世界平和の脅威にはならないのではないかという楽観的なムードがあったのです。

ところが、**習近平の中国は、「中国の特色ある社会主義」こそが中国にいちばん向いているとうそぶき、永遠に欧米的な民主主義国にならない路線を明確にしてきました。**そして、「太平洋は米中両国にとって十分に広い」といって、日本近海や南シナ海を含めた西太平洋を自分の勢力圏として認めるようにアメリカに提案する始末です。これでは、戦前の日本の「大東亜共栄圏」よりたちが悪い野望です。

また、二〇一三年の六月にオバマとカリフォルニアで二日間の会談を行い、個人的な友好を深めようとしましたが、亀裂ばかりが目立ちました。

翌年の四月には来日したオバマ大統領と安倍首相は東京・数寄屋橋の寿司店で会談しましたが、ビジネスライクに話をしたがるオバマと、まずは、親交を深めたい安倍首相の間であまり波長は合わなかったといわれました。オバマが寿司を残したとか残さなかったとかいわれたのはこの時のことです。

また、安倍首相は中韓と厳しく対立し苦戦が続きましたが、立派だったのは日本の立場を曲げず、しかし悪口はいわず辛抱強く個人的な信頼関係を醸成していったことです。また、英語での演説もおおいに効果を上げました。二〇一三年九月にブエノスアイレスで開かれたＩＯＣ総会での五輪招致演説の見事さには少し驚きました。さらに、二〇一五年の米国議会での演説で、安倍首相に対するアメリカ政界の疑念はほぼ解消したといってよいと思います。

本書の末尾に、あえてこの演説（日本語訳）を掲げました。社交的ない回しも含めて素晴らしい出来でした。

この演説とその後の**「戦後七〇年談話」**において示された歴史観は、アメリカの保守派にもリベラル派にも受け入れられ、日本国内の保守派もそこそこ満足させ、**リベラル派や左派も文句をいいにくい絶妙なものでした。**

そこでは、近代日本の歴史については、戦争について間違ったもので非があったことを認め、女性の被害についての反省を語りつつ、日本が開戦へと追い詰められた面があったことをそれとなく示唆していますし、明治の日本を肯定的にとらえることを明言し、戦後の日本の成功に胸を張りました。そして、思いっきりアメリカ人の自尊心をくすぐりました。

私はこの米国議会での演説や七〇年談話をもって二一世紀の日米関係の出発点としてよいと思います。

そして、二〇一五年には**TPP交渉**もいちおうの妥協に達しました。この交渉は、西太平洋に対する中国の野望へのもっとも強力な対抗措置となるでしょう。もちろんそれは、中国を排除しようというものではありません。ただ、中国が民主主義諸国とうまくやっていけるのは、私たちの文明の論理を受け入れた時だけだということなのです。

もっとも、二〇一六年のアメリカ大統領選挙の迷走で、このTPPもただちにアメリカ議会で批准されるかどうか分かりませんが、たとえそうであっても、今後のアジア太平洋地域の経済秩序は、この合意を出発点として変貌していくものと思います。

日米関係をあえて評価すれば七勝三敗

ここまで日米外交史を振り返ってきましたが、もし、これを通信簿のように点数をつけたらどうなるでしょうか。どちらが優勢だったか、いい分を通したかという観点で採点することもできないわけではありません。

しかし、それはあまり意味のあることとは思えないのです。なぜなら、ある局面でアメリカのいい分がより多く採用されたからとか、戦争に勝ったからといった理由でアメリカの勝ちというものではないからです。

たとえば、ペリーとハリスの圧力で日本は開国したのですが、それは、日本にとって禍を及ぼしたわけではないのです。あるいは、太平洋戦争でアメリカは日本に勝ちましたが、戦争はアメリカにとってもしなかった方がよいものだったはずです。**外交はウィンウィンの関係。つまり、うまくすればどっちにとっても勝ちなのです。**

そういう観点から、ここでは、日米関係史全体を一〇の時期に分けて論評するとともに、ＡＢＣＤＥの五段階評価で採点してみましょう。

①開国（一八五三〜五八年）——Ｂ

ペリーの黒船艦隊の威嚇による和親条約も修好通商条約もアメリカ主導で進み、日本側の対応は幕府の無知無策によるお粗末なものでしたが、イギリスと先に交渉するよりは公正な結果が得られたという意味でＢと評価します。

②条約改正（一八七一〜一九一一年）——Ｂ

治外法権や関税自主権の回復の交渉は難航したが、一九一一年にアメリカと完全な関税自主権を回復して終了。アメリカは比較的に理解を示してくれたので、これもBです。

③桂・タフト協定（一九〇五年）——A

日露戦争の終結にアメリカが尽力するとともに極東において日本とアメリカが互いに地域を分担して平和維持に当たることを確認したのでAです。

④ワシントン体制（一九二一年）——D

アメリカの圧力で、日英同盟から理想主義的に多国間条約での平和維持に切り替えたのですが、あまりよく機能せずに、戦争の遠因となったので、Dにします。

⑤太平洋戦争（一九四一～四五年）——E

日本は軍の一部の跳ね上がりを抑えられずに蟻地獄に落ちました。しかし、アメリカも日本を追い詰めすぎ、日本の終戦決定を早める適切な配慮をしませんでした。双方にとって最悪のEしかないでしょう。

⑥米軍による占領政策（一九四五～五二年）——B

ポツダム宣言で想定された以上に強引で徹底的なアメリカのリベラル左派の主張に沿った日本改造が行われました。それでよかった面もありますが、無用に保守派を反米化し、左翼の不均衡に甘かったともいえるのでＢ。

⑦新安保体制の確立（一九六〇年）——Ｂ

サンフランシスコ講和条約は占領状態をなかば継続するような条件で実現されました。そののち、自由主義陣営からの離脱の危険もあったのを新安保体制の樹立で危機を乗りきりましたが、反米風潮は衰えを見せなかったのでＢ。

⑧貿易自由化と沖縄返還（一九六〇～七二年）——Ａ

池田首相は経済大国として世界の主要国入りを目指し成功し、それは日米両国のみならず世界にとって大きな利益となりました。また、佐藤首相は巧妙な政治力で沖縄返還を実現しました。Ａと評価してよいと思います。

⑨通商摩擦（一九八〇～九〇年代）——Ｃ

アメリカ経済は低迷し、日本経済は絶好調となり、レーガン政権の双子の赤字もあって貿易摩擦が拡大しました。その中で日本は安易にバブル経済に陥り経済成長の力を失い、アメリカは復活しました。功罪さまざまな時代でＣ。

⑩中国の台頭と日米同盟（二一世紀）——Ｂ

中国の台頭とともに通商摩擦は緩和され、日米中の関係は複雑化し混乱しましたが、ようやく日米同盟の深化の方向性が示されました。しかし、日米双方のポピュリストの伸長が暗雲として立ちこめています。現状はよいが不安込みでBということにしましょう。

この一〇段階を集計してみれば、AとBを併せて七個、そしてC以下が三個です。**つまり、七勝三敗です。**そうしてみると、太平洋戦争という悲劇はありましたが、アメリカの捕鯨船が日本近海に現れてから二世紀足らず。日本とアメリカという世界でもっとも急速に成長したヨーロッパ外の二つの国が太平洋を挟んであり、それぞれに民主主義と経済成長に成功したことが世界をよくしたことは疑いありません。

しかし、**日米はそれぞれに問題を抱え、双方に反米・反日勢力も抱え、そこに中国の影が忍び寄っています。**しかし、双方が日米主軸でアジア・太平洋世界の政治と経済の自由主義を擁護するパートナーとして協力し合えば鬼に金棒なのです。

そういう意味でも日米同盟の過去が実り多いものであったこと、また、小さな齟齬を大きな対立に発展させていくような愚劣な考えが百害あって一利も無いことを正しく認識するべきだということを、あらためて再認識していただくことを願い、本書を締めくくることといたします。

◎主な参考文献

『日米関係史』（五百旗真編・有斐閣）
『不思議の日米関係史』（高坂正尭・ＰＨＰ研究所）
『幣原喜重郎とその時代』（岡崎久彦・ＰＨＰ文庫）
『日本はアメリカとどう関わってきたか？』（朝倉秀雄・彩図社）
『歴代アメリカ大統領総覧』（高橋通浩・中公新書ラクレ）
『アメリカ史』（紀平英作編・山川出版）
『アメリカ大統領を読む事典』（宇佐美滋・講談社＋α文庫）
『グラント将軍日本訪問記』（宮永孝訳・雄松堂書店）
『セオドア・ルーズベルトの生涯と日本』（未里周平・丸善プラネット）
『日米戦争を起こしたのは誰か』（藤井厳喜、他・勉誠出版）
『目を世界に心を祖国に』（坂本吉弘・財界研究所）
『通商交渉 国益を巡るドラマ』（畠山襄・日本経済新聞社）
『歴代総理の通信簿』（八幡和郎・ＰＨＰ文庫）
『アメリカ歴代大統領の通信簿』（八幡和郎・ＰＨＰ研究所）
※他に、各種辞事典、年表、ホームページなどを参考とした。

■大統領選挙選挙人数

州　名	選挙人数
カリフォルニア州	55
テキサス州	38
フロリダ州	29
ニューヨーク州	29
イリノイ州	20
ペンシルベニア州	20
オハイオ州	18
ジョージア州	16
ミシガン州	16
ノースカロライナ州	15
ニュージャージー州	14
バージニア州	13
ワシントン州	12
アリゾナ州	11
インディアナ州	11
マサチューセッツ州	11
テネシー州	11
メリーランド州	10
ミネソタ州	10
ミズーリ州	10
ウィスコンシン州	10
アラバマ州	9
コロラド州	9
サウスカロライナ州	9
ケンタッキー州	8
ルイジアナ州	8
コネティカット州	7
オクラホマ州	7
オレゴン州	7
アーカンソー州	6
アイオワ州	6
カンザス州	6
ミシシッピ州	6
ネバダ州	6
ユタ州	6
ネブラスカ州	5
ニューメキシコ州	5
ウェストバージニア州	5
ハワイ州	4
アイダホ州	4
メイン州	4
ニューハンプシャー州	4
ロードアイランド州	4
アラスカ州	3
デラウェア州	3
モンタナ州	3
ノースダコタ州	3
サウスダコタ州	3
バーモント州	3
ワイオミング州	3
コロンビア特別区*	3
合計	538

■アメリカの州名

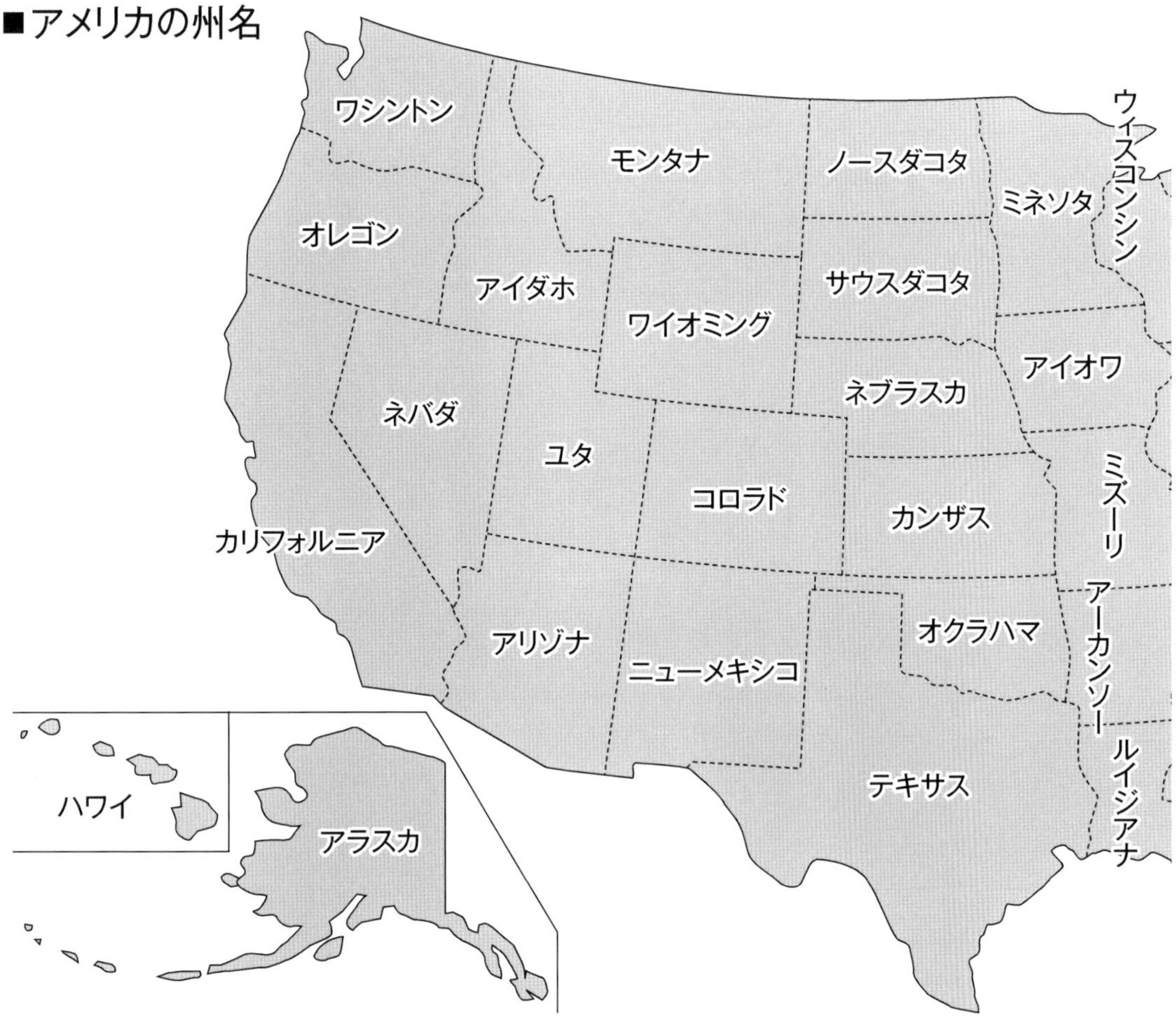

■アメリカ領

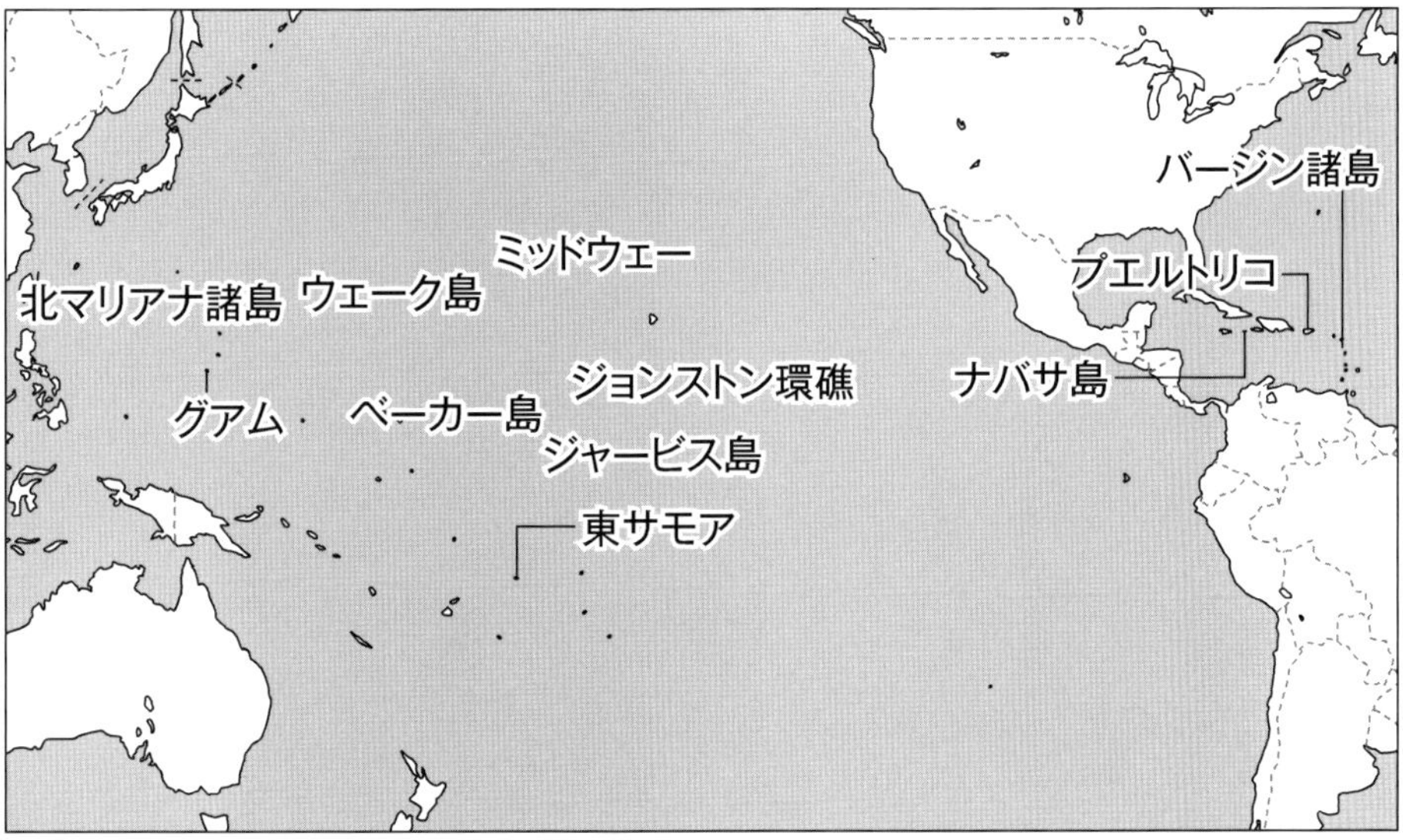

のが、日本の不動の信念です。人間一人ひとりに、教育の機会を保障し、医療を提供し、自立する機会を与えなければなりません。紛争下、常に傷ついたのは、女性でした。わたしたちの時代にこそ、女性の人権が侵されない世の中を実現しなくてはいけません。

自衛隊員が積み重ねてきた実績と、援助関係者たちがたゆまず続けた努力と、その両方の蓄積は、いまやわたしたちに、新しい自己像を与えてくれました。いまや私たちが掲げるバナーは、「国際協調主義にもとづく、積極的平和主義」という旗です。

繰り返しましょう、「国際協調主義にもとづく、積極的平和主義」こそは、日本の将来を導く旗印となります。テロリズム、感染症、自然災害や、気候変動――。日米同盟は、これら新たな問題に対し、ともに立ち向かう時代を迎えました。

日米同盟は、米国史全体の、4分の1以上に及ぶ期間続いた堅牢さを備え、深い信頼と、友情に結ばれた同盟です。自由世界第一、第二の民主主義大国を結ぶ同盟に、この先とも、新たな理由付けは全く無用です。それは常に、法の支配、人権、そして自由を尊ぶ、価値観を共にする結びつきです。

まだ高校生だったとき、ラジオから流れてきたキャロル・キングの曲に、私は心を揺さぶられました。「落ち込んだ時、困った時、……目を閉じて、私を思って。私は行く。あなたのもとに。たとえそれが、あなたにとっていちばん暗い、そんな夜でも、明るくするために」。

2011年3月11日、日本に、いちばん暗い夜がきました。日本の東北地方を、地震と津波、原発の事故が襲ったのです。そして、そのときでした。米軍は、未曽有の規模で救難作戦を展開してくれました。本当にたくさんの米国人の皆さんが、東北の子供たちに、支援の手を差し伸べてくれました。

私たちには、トモダチがいました。被災した人々と、一緒に涙を流してくれた。そしてなにものにもかえられない、大切なものを与えてくれた。――希望、です。

米国が世界に与える最良の資産、それは、昔も、今も、将来も、希望であった、希望である、希望でなくてはなりません。米国国民を代表する皆様。私たちの同盟を、「希望の同盟」と呼びましょう。アメリカと日本、力を合わせ、世界をもっとはるかによい場所にしていこうではありませんか。

希望の同盟――。一緒でなら、きっとできます。ありがとうございました。

多面にわたる協力を深めていきます。

日米同盟を基軸とし、これらの仲間が加わると、私たちの地域は格段に安定します。日本は、将来における戦略的拠点の一つとして期待されるグアム基地整備事業に、28 億ドルまで資金協力を実施します。

アジアの海について、私がいう３つの原則をここで強調させてください。第一に、国家が何か主張をするときは、国際法にもとづいてなすこと。第二に、武力や威嚇は、自己の主張のため用いないこと。そして第三に、紛争の解決は、あくまで平和的手段によること。

太平洋から、インド洋にかけての広い海を、自由で、法の支配が貫徹する平和の海にしなければなりません。そのためにこそ、日米同盟を強くしなくてはなりません。私達には、その責任があります。

日本はいま、安保法制の充実に取り組んでいます。実現のあかつき、日本は、危機の程度に応じ、切れ目のない対応が、はるかによくできるようになります。この法整備によって、自衛隊と米軍の協力関係は強化され、日米同盟は、より一層堅固になります。それは地域の平和のため、確かな抑止力をもたらすでしょう。戦後、初めての大改革です。この夏までに、成就させます。

ここで皆様にご報告したいことがあります。一昨日、ケリー国務長官、カーター国防長官は、私たちの岸田外相、中谷防衛相と会って、協議をしました。いま申し上げた法整備を前提として、日米がそのもてる力をよく合わせられるようにする仕組みができました。一層確実な平和を築くのに必要な枠組みです。

それこそが、日米防衛協力の新しいガイドラインにほかなりません。昨日、オバマ大統領と私は、その意義について、互いに認め合いました。皆様、私たちは、真に歴史的な文書に、合意をしたのです。

1990 年代初め、日本の自衛隊は、ペルシャ湾で機雷の掃海に当たりました。後、インド洋では、テロリストや武器の流れを断つ洋上作戦を、10 年にわたって支援しました。

その間、５万人にのぼる自衛隊員が、人道支援や平和維持活動に従事しました。カンボジア、ゴラン高原、イラク、ハイチや南スーダンといった国や、地域においてです。これら実績をもとに、日本は、世界の平和と安定のため、これまで以上に責任を果たしていく。そう決意しています。そのために必要な法案の成立を、この夏までに、必ず実現します。

国家安全保障に加え、人間の安全保障を確かにしなくてはならないという割、貿易量で、世界の３分の１を占める一円に、私達の子や、孫のために、永続的な「平和と繁栄の地域」をつくりあげていかなければなりません。

日米間の交渉は、出口がすぐそこに見えています。米国と、日本のリーダーシップで、TPPを一緒に成し遂げましょう。

実は……、いまだから言えることがあります。20年以上前、GATT農業分野交渉の頃です。血気盛んな若手議員だった私は、農業の開放に反対の立場をとり、農家の代表と一緒に、国会前で抗議活動をしました。

ところがこの20年、日本の農業は衰えました。農民の平均年齢は10歳上がり、いまや66歳を超えました。日本の農業は、岐路にある。生き残るには、いま、変わらなければなりません。私たちは、長年続いた農業政策の大改革に立ち向かっています。60年も変わらずにきた農業協同組合の仕組みを、抜本的に改めます。

世界標準に則って、コーポレート・ガバナンスを強めました。医療・エネルギーなどの分野で、岩盤のように固い規制を、私自身が槍の穂先となりこじあけてきました。人口減少を反転させるには、何でもやるつもりです。女性に力をつけ、もっと活躍してもらうため、古くからの慣習を改めようとしています。

日本はいま、「クォンタム・リープ（量子的飛躍）」のさなかにあります。親愛なる、上院、下院議員の皆様、どうぞ、日本へ来て、改革の精神と速度を取り戻した新しい日本を見てください。日本は、どんな改革からも逃げません。ただ前だけを見て構造改革を進める。この道のほか、道なし。確信しています。

親愛なる、同僚の皆様、戦後世界の平和と安全は、アメリカのリーダーシップなくして、ありえませんでした。省みて私が心からよかったと思うのは、かつての日本が、明確な道を選んだことです。その道こそは、冒頭、祖父の言葉にあったとおり、米国と組み、西側世界の一員となる選択にほかなりませんでした。

日本は、米国、そして志を共にする民主主義諸国とともに、最後には冷戦に勝利しました。この道が、日本を成長させ、繁栄させました。そして今も、この道しかありません。

私たちは、アジア太平洋地域の平和と安全のため、米国の「リバランス」を支持します。徹頭徹尾支持するということを、ここに明言します。日本は豪州、インドと、戦略的な関係を深めました。ASEANの国々や韓国と、い、行っているのでもない。その厳かなる目的は、双方の戦死者を追悼し、栄誉を称えることだ」。

もうおひとかた、中将の隣にいるのは、新藤義孝国会議員。かつて私の内閣で閣僚を務めた方ですが、この方のお祖父さんこそ、勇猛がいまに伝わる栗林忠道大将・硫黄島守備隊司令官でした。

これを歴史の奇跡と呼ばずして、何をそう呼ぶべきでしょう。熾烈に戦い合った敵は、心の紐帯が結ぶ友になりました。スノーデン中将、和解の努力を尊く思います。ほんとうに、ありがとうございました。

戦後の日本は、先の大戦に対する痛切な反省を胸に、歩みを刻みました。自らの行いが、アジア諸国民に苦しみを与えた事実から目をそむけてはならない。これらの点についての思いは、歴代総理と全く変わるものではありません。

アジアの発展にどこまでも寄与し、地域の平和と、繁栄のため、力を惜しんではならない。自らに言い聞かせ、歩んできました。この歩みを、私は、誇りに思います。

焦土と化した日本に、子ども達の飲むミルク、身につけるセーターが、毎月毎月、米国の市民から届きました。山羊も、2,036頭、やってきました。米国が自らの市場を開け放ち、世界経済に自由を求めて育てた戦後経済システムによって、最も早くから、最大の便益を得たのは、日本です。

くだって1980年代以降、韓国が、台湾が、ASEAN諸国が、やがて中国が勃興します。今度は日本も、資本と、技術を献身的に注ぎ、彼らの成長を支えました。一方米国で、日本は外国勢として2位、英国に次ぐ数の雇用を作り出しました。

こうして米国が、次いで日本が育てたものは、繁栄です。そして繁栄こそは、平和の苗床です。日本と米国がリードし、生い立ちの異なるアジア太平洋諸国に、いかなる国の恣意的な思惑にも左右されない、フェアで、ダイナミックで、持続可能な市場をつくりあげなければなりません。

太平洋の市場では、知的財産がフリーライドされてはなりません。過酷な労働や、環境への負荷も見逃すわけにはいかない。許さずしてこそ、自由、民主主義、法の支配、私たちが奉じる共通の価値を、世界に広め、根づかせていくことができます。その営為こそが、TPPにほかなりません。

しかもTPPには、単なる経済的利益を超えた、長期的な、安全保障上の大きな意義があることを、忘れてはなりません。経済規模で、世界の4

ました。

上下関係にとらわれない実力主義。地位や長幼の差に関わりなく意見を戦わせ、正しい見方なら躊躇なく採用する。——この文化に毒されたのか、やがて政治家になったら、先輩大物議員たちに、アベは生意気だと随分言われました。

私の苗字ですが、「エイブ」ではありません。アメリカの方に時たまそう呼ばれると、悪い気はしません。民主政治の基礎を、日本人は、近代化を始めてこのかた、ゲティスバーグ演説の有名な一節に求めてきたからです。農民大工の息子が大統領になれる——、そういう国があることは、19世紀後半の日本を、民主主義に開眼させました。

日本にとって、アメリカとの出会いとは、すなわち民主主義との遭遇でした。出会いは150年以上前にさかのぼり、年季を経ています。

先刻私は、第二次大戦メモリアルを訪れました。神殿を思わせる、静謐な場所でした。耳朶を打つのは、噴水の、水の砕ける音ばかり。一角にフリーダム・ウォールというものがあって、壁面には金色《こんじき》の、4000個を超す星が埋め込まれている。

その星一つ、ひとつが、斃れた兵士100人分の命を表すと聞いたとき、私を戦慄が襲いました。金色の星は、自由を守った代償として、誇りのシンボルに違いありません。しかしそこには、さもなければ幸福な人生を送っただろうアメリカの若者の、痛み、悲しみが宿っている。家族への愛も。

真珠湾、バターン・コレヒドール、珊瑚海……、メモリアルに刻まれた戦場の名が心をよぎり、私はアメリカの若者の、失われた夢、未来を思いました。歴史とは実に取り返しのつかない、苛烈なものです。私は深い悔悟を胸に、しばしその場に立って、黙祷を捧げました。

親愛なる、友人の皆さん、日本国と、日本国民を代表し、先の戦争に斃れた米国の人々の魂に、深い一礼を捧げます。とこしえの、哀悼を捧げます。

みなさま、いまギャラリーに、ローレンス・スノーデン海兵隊中将がお座りです。70年前の2月、23歳の海兵隊大尉として中隊を率い、硫黄島に上陸した方です。

近年、中将は、硫黄島で開く日米合同の慰霊祭にしばしば参加してこられました。こう、仰っています。「硫黄島には、勝利を祝うため行ったのではな

〈巻末資料〉

米国連邦議会上下両院合同会議における安倍総理大臣演説

「希望の同盟へ」

（2015 年 4 月 29 日＝米国東部時間）

議長、副大統領、上院議員、下院議員の皆様、ゲストと、すべての皆様、1957 年 6 月、日本の総理大臣としてこの演台に立った私の祖父、岸信介は、次のように述べて演説を始めました。「日本が、世界の自由主義国と提携しているのも、民主主義の原則と理想を確信しているからであります」。

以来 58 年、このたびは上下両院合同会議に日本国総理として初めてお話する機会を与えられましたことを、光栄に存じます。お招きに、感謝申し上げます。

申し上げたいことはたくさんあります。でも、「フィリバスター」をする意図、能力ともにありません。皆様を前にして胸中を去来しますのは、日本が大使としてお迎えした偉大な議会人のお名前です。マイク・マンスフィールド、ウォルター・モンデール、トム・フォーリー、そしてハワード・ベイカー。

民主主義の輝くチャンピオンを大使として送ってくださいましたことを、日本国民を代表して、感謝申し上げます。キャロライン・ケネディ大使も、米国民主主義の伝統を体現する方です。大使の活躍に感謝申し上げます。

私ども、残念に思いますのは、ダニエル・イノウエ上院議員がこの場においでにならないことです。日系アメリカ人の栄誉とその達成を、一身に象徴された方でした。

私個人とアメリカとの出会いは、カリフォルニアで過ごした学生時代にさかのぼります。

家に住まわせてくれたのは、キャサリン・デル - フランシア夫人。寡婦でした。亡くした夫のことを、いつもこう言いました、「ゲイリー・クーパーより男前だったのよ」と。心から信じていたようです。

ギャラリーに、私の妻、昭恵がいます。彼女が日頃、私のことをどう言っているのかはあえて聞かないことにします。デル - フランシア夫人のイタリア料理は、世界一。彼女の明るさと親切は、たくさんの人をひきつけました。その人たちがなんと多様なこと。「アメリカは、すごい国だ」。驚いたものです。

のち、鉄鋼メーカーに就職した私は、ニューヨーク勤務の機会を与えられ

著者略歴

八幡和郎（やわた・かずお）

昭和26年、滋賀県大津市生まれ。東京大学法学部卒。通商産業省（現・経済産業省）入省。フランス国立行政学院（ENA）留学。国土庁長官官房参事官、通産省大臣官房情報管理課長などを歴任し、現在、作家・評論家としてテレビなどでも活躍中。徳島文理大学教授、国士舘大学大学院客員教授。主要著書に『本当は誤解だらけの「日本近現代史」』（SB新書）、『歴代総理の通信簿』（PHP文庫）、『領土の世界史』（祥伝社新書）、『アメリカ歴代大統領の通信簿』（PHP研究所）など。

【大活字版】

日本人《にほんじん》の知《し》らない日米関係《にちべいかんけい》の正体《しょうたい》

本当《ほんとう》は七勝三敗《ななしょうさんぱい》の日米交渉史《にちべいこうしょうし》

2019年9月15日　初版第1刷発行

著　者　八幡和郎《やわたかずお》

発行者　小川 淳

発行所　SBクリエイティブ株式会社

〒106-0032　東京都港区六本木2-4-5

電 話：03-5549-1201（営業部）

装　幀　長坂勇司（nagasaka design）

本文組版・図版作成　有限会社アミークス

編集協力　江渕眞人（コーエン企画）

印刷・製本　大日本印刷株式会社

落丁本、乱丁本は小社営業部にてお取り替えいたします。定価はカバーに記載されております。本書の内容に関するご質問等は、小社学芸書籍編集部まで必ず書面にてご連絡いただきますようお願いいたします。

本書は以下の書籍の同一内容、大活字版です

SB新書「日本人の知らない日米関係の正体　本当は七勝三敗の日米交渉史」

ISBN 978-4-8156-0217-8